Marie-Louise von Franz · Wissen aus der Tiefe

W0190331

Marie-Louise von Franz

Wissen aus der Tiefe

Über Orakel und Synchronizität

Kösel

Übersetzung aus dem Englischen: Waltraut Körner, Pfaffhausen. Die Originalausgabe erschien unter dem Titel »On Divination and Synchronicity« bei Inner City Books, Toronto, Kanada.

CIP-Kurztitelaufnahme der Deutschen Bibliothek

Franz, Marie-Louise von:
Wissen aus der Tiefe : über Orakel u. Synchronizität / Marie- Louise von Franz. –
[Übers. aus d. Engl.: Waltraut Körner]. –
München : Kösel, 1987.
   Einheitssacht.: On divination and synchronicity ⟨dt.⟩
   ISBN 3-466-34160-4

Gesamtherstellung: Kösel, Kempten.
Umschlag: Günther Oberhauser, München.
Umschlagphoto: Lothar Nahler, Hillesheim.
ISBN 3-466-34160-4

Inhalt

Vorwort zur deutschen Ausgabe

Futurologie ist heute groß geschrieben, und an vielen Orten entstehen Institute, die sich damit beschäftigen, aber auch im Bereich der Wirtschaft, der militärischen Rüstung, der Demographie und auf vielen anderen Gebieten spielt die Zukunftsberechnung eine ungeheure Rolle. Dabei stützen sich diese Versuche, die Zukunft zu erfassen, alle auf die statistische Information und Wahrscheinlichkeitsrechnung, die heute noch zusätzlich durch Computer-Versuche ausgebaut werden. Trotzdem kommt es immer wieder vor, daß die Wirklichkeit die gemachten Aussagen Lügen straft. Tschernobyl war statistisch »ausgeschlossen«. Ich würde wagen zu behaupten, daß es sich leicht anderswo wiederholen könnte. Der Zufall läßt sich nicht in den Griff bekommen.

Die heutige Gesellschaft, die diese einseitige Futurologie betreibt, hat seltsamerweise vergessen, daß die Natur selber schon lange so etwas wie eine Futurologie erfunden hat, nämlich in der Form der instinktiven Verhaltensmuster bei den Tieren. Der Hamster und das Eichhörnchen und viele andere Tiere legen Vorräte für den Winter an. Viele Tiere verlassen das Gebiet, wo ein Erdbeben droht. Jeder Bauer und jeder Fischer kann durch Beobachtung des Verhaltens der ihn umgebenden Tiere relativ gute Zukunftsvoraussagen machen. Die instinktiven Verhaltensmuster sind teleologisch auf ein zukünftiges Ziel orientiert. Dasselbe gilt auch für den Menschen. In dem Bereich, den wir heute das Unbewußte nennen, haben auch wir Verhaltensmuster, die Jung die Archetypen genannt hat, und diese Muster sind ebenfalls zukunftsorientiert. Wenn man als Psychotherapeut sich die Mühe macht, Tausende von Träumen seiner Patienten zu beobachten, so zeigt sich, daß eine erstaunlich große Anzahl davon sich nachträglich als Antizipationen zukünftiger Ereignisse erweist. Die sogenannten telepathischen Träume, d. h. Träume, deren Inhalt sich wörtlich verwirklicht, sind dabei die eher selteneren.

Die übliche Weise des Unbewußten, die Zukunft zu skizzieren, ist die *symbolische*. Man sieht z. B. nicht den toten Verwandten, sondern träumt von einem Beerdigungskranz und Ähnlichem. Die Tatsache, daß unser Unbewußtes weitgehend um die Zukunft weiß, haben die früheren und die nichtwestlichen Kulturen immer gewußt und deshalb Techniken entwickelt, die dieses Wissen anzuzapfen versuchen. Diese Techniken sind in meiner subjektiven Sicht in ihrer Essenz zuverlässiger als die rationalen Methoden. Ich habe über dreißig Jahre lang das I Ging-Orakel benützt und bin nie hereingelegt worden. Eine Fehlerquelle, die sich allerdings nicht ausschließen läßt, liegt im Problem der Interpretation. Die meisten Orakel geben, wie erwähnt, nur ein symbolisches Bild des zukünftig zu Erwartenden, und ein Symbol kann immer gleichzeitig auf viele Arten gedeutet werden. So ist diese zweite, symbolisch-futurologische Methode praktisch auch nicht absolut zuverlässig. Aber sie scheint mir der Berücksichtigung wert, weil sie, mit Umsicht und Bescheidenheit angewendet, uns mit unserer Instinktwelt verbindet, in der alle zukünftigen Entwicklungen des Einzelnen und des Kollektivs vorweg skizziert sind.

C. G. Jung schreibt in einem Brief (an Sir Herbert Read, Br. III., S. 337 f.) über die Zukunft:

Eigenartigerweise möchten wir sie (die Zukunft) nach unseren Vorstellungen gestalten. Wir entscheiden, als wenn wir alles wüßten. Aber unser Wissen ist Stückwerk. Es gäbe sehr viel mehr, was wir wissen könnten, wenn wir nur aufhören wollten, auf dem zu beharren, was wir wissen. *Der Traum würde uns ein Weiteres erzählen . . .* Was ist der große Traum? Er besteht aus den vielen kleinen Träumen und den vielen Akten der Demut und Unterwerfung unter ihre Andeutungen. Er ist die Zukunft und das Bild der neuen Welt, die wir noch nicht verstehen. Wir können es nicht besser wissen als das Unbewußte und seine Andeutungen. Dort liegt eine Chance, das zu finden, was wir in unserer bewußten Welt vergeblich suchen.

Im Folgenden befasse ich mich allerdings nicht mit den Träumen, sondern mit den Wahrsage-Methoden, durch die sich der Mensch von jeher im Wachzustand auch mit der Welt des Traumes in Beziehung zu setzen versuchte. Dabei ergibt sich die überraschende Tatsache, daß die Welt der Zahl, die für uns das Rationalste zu sein scheint, unerwarteterweise eine Beziehung zu der archetypischen Welt des Unbewußten hat. Das ergibt gewissermaßen eine Para-Mathematik, die sich komplementär zur Statistik und Wahrscheinlichkeitsrechnung verhält. In den folgenden Kapiteln versuche ich, einige Überlegungen zu diesem noch unerforschten Bereich der Zahl und der Zukunftsvorhersage anzustellen.

Es geht in diesem Buch also um einen anderen Weg, das Unbewußte sprechen zu lassen, nämlich um Divinationsmethoden, und dabei handelt es sich hauptsächlich um grundsätzliche Überlegungen, die den Zweck haben, diese Methoden aus ihrem Aschenputteldasein als okkulte Künste zu erlösen. Davon erhoffe ich, daß sie seriöser erforscht und in das psychologische Weltbild eingebaut werden können.

Küsnacht, im Januar 1987   *Marie-Louise von Franz*

1 Zwei verschiedene Denkweisen: quantitativ-kausal und qualitativ-synchronistisch

Vielleicht ist Ihnen die merkwürdige Tatsache bekannt, daß das Wahrsagen ursprünglich immer in den Kirchen praktiziert wurde. Die alten Juden z. B. hatten in ihrem Tempel in Jerusalem ein Orakel, und bei bestimmten Gelegenheiten, wenn der Priester Jahwe befragen wollte, versuchte er mit dem Orakel den Willen Gottes zu erforschen. In allen primitiven Kulturen wurden Wahrsagetechniken benutzt, um herauszufinden, was Gott oder die Götter wollten, aber mit der Zeit hörte das auf und überlebte sich; es wurde zu einer dunklen, magischen und verachteten Praktik.

Die Weltsicht, auf der das Wahrsagen beruht und die Jung in den Mittelpunkt der Aufmerksamkeit zurückzubringen suchte, ist die der Synchronizität. Deshalb müssen wir uns zuerst daran erinnern, was Jung über die Synchronizität sagte, bevor wir uns näher mit den Problemen des Wahrsagens befassen. In seinem Vorwort zur englischen Ausgabe von Richard Wilhelms Übersetzung des I Ging (Das Buch der Wandlungen) gibt er einen sehr guten Überblick über den Unterschied zwischen kausalem und synchronistischem Denken. Kausales Denken ist sozusagen linear. Eine Folge von Ereignissen A-B-C-D tritt auf, und man denkt zurück und fragt sich, warum D aufgrund von C geschieht, warum C aufgrund von B erscheint und B wegen A. Man versucht, in seinen Gedanken zurückzuverfolgen, warum und wie diese aufeinander abgestimmten Ereignisse aufeinander gewirkt haben.

Wir wissen, daß es durch Forschung moderner Physiker nun erwiesen ist, daß dieses Prinzip auf mikrophysikalischer Ebene nicht mehr voll gültig ist; wir können die Kausalität nicht länger als absolutes Gesetz betrachten, sondern nur als eine Tendenz oder vorherrschende Wahrscheinlichkeit. So zeigt sich die Kausalität als eine Denkweise, die unser gedankliches Erfassen eines Bündels von Ereignissen befriedigt, aber nicht völlig in den Kern der Naturgesetze eindringt; es erfaßt lediglich allgemeine Tendenzen oder Möglichkeiten. Synchronistisches Denken könnte man dagegen als ein Feld-Denken bezeichnen, dessen Zentrum die Zeit ist.

Die Zeit tritt auch in die Kausalität ein, da wir normalerweise annehmen, daß die Ursache vor der Wirkung kommt. In der modernen Physik sieht es manchmal so aus, als käme die Wirkung vor der Ursache. Deshalb versucht man es umzukehren, und sagt, man könne das immer noch kausal nennen. Aber ich denke, Jung hat recht, wenn er sagt, dies dehne die Vorstellung von der Kausalität zu sehr aus und verkehre sie ins Absurde, bis sie ihren Sinn verliert. Gewöhnlich kommt die Ursache vor der Wirkung, so daß es auch eine lineare Vorstellung der Zeit gibt, vorher und nachher, wobei die Wirkung immer nach dem Vorher auftritt.

Synchronistisches Denken, die klassische Denkweise Chinas, ist sozusagen ein Denken in Feldern. In der chinesischen Philosophie wurde dieses Denken viel mehr als in irgendeiner anderen Kultur entwickelt und verfeinert. Dort geht es dann nicht um die Frage, warum sich etwas zugetragen hat oder welcher Faktor welche Wirkung erzeugt hat, sondern was sich im selben Augenblick auf sinnvolle Weise gemeinsam ereignet. Immer fragt der Chinese: »Was neigt dazu, zur gleichen Zeit zu geschehen?« So wäre das Zentrum ihres Feld-Konzeptes ein Zeitmoment, in dem sich die Ereignisse A B C D usw. bündeln (Abb. 1).

In seiner Einführung zum I Ging formuliert Richard Wilhelm das sehr gut, indem er von einem Komplex von Ereignissen spricht, die in einem bestimmten Zeitmoment geschehen.

In unserem kausalen Denken haben wir zwischen psychischen und physischen Geschehnissen eine starke Trennungslinie gezogen, und wir achten nur darauf, wie physikalische Ereignisse sich aufeinander oder auf psychische Ereignisse auswirken. Bis ins 19. Jahrhundert hinein hielt sich in den Naturwissenschaften die

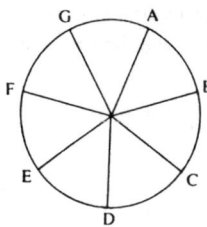

Abb. 1: Zeit-Feld: Zeitgebundenes Beieinander
von Ereignissen

Idee (und sie tut es in den weniger entwickelten immer noch), daß nur physikalische Ursachen physikalische Auswirkungen haben können und psychologische Ursachen nur psychologische Wirkung, z. B. in der Freudschen Denkweise: »Diese Frau ist neurotisch und hat eine besondere Empfindlichkeit als Ergebnis eines Kindheitstraumas.« Das wäre dieselbe Art des Denkens, aber auf die psychische Ebene angewendet.

Es ist nun die Frage, ob zwischen diesen beiden Linien Wechselwirkungen bestehen. Gibt es so etwas wie eine psychische Ursache für physische Ereignisse und umgekehrt? Dies ist das Problem der psychosomatischen Medizin. Wechselwirkungen zwischen diesen beiden Kausalitätsketten können bewiesen werden: Sie lesen vielleicht einen Brief, in dem Ihnen der Tod einer Person mitgeteilt wird, die Sie sehr gern hatten, und spüren eine physiologische Auswirkung; vielleicht fallen Sie sogar in Ohnmacht, eine Reaktion, die nicht durch die Tinte und das Papier ausgelöst wurde, sondern durch den psychologischen Inhalt der Mitteilung. Es besteht also eine Wechselwirkung zwischen diesen beiden Ebenen, die man aber erst jetzt zu erforschen beginnt.

Die synchronistische, d. h. chinesische Art des Denkens ist jedoch vollkommen anders. Sie ist eine Differenzierung des primitiven Denkens, in dem keinerlei Unterscheidung zwischen psychologischen und physikalischen Wirkungen gemacht wurde. In die chinesische Fragestellung, was gemeinsam zu geschehen

13

tendiert, kann man sowohl innere wie auch äußere Fakten hineinbringen. Für die synchronistische Denkweise ist es sogar wesentlich, beide Bereiche der Realität zu beobachten, den physikalischen und den psychologischen, und zu registrieren, daß in dem Moment, da man diese und jene Gedanken oder diese und jene Träume hatte – was psychologische Ereignisse wären –, diese oder jene physikalischen Ereignisse eintraten; d. h. also, es ergab sich ein Komplex von physischen und psychischen Begebenheiten. Obgleich das kausale Denken wegen des Vorher und Nachher ebenfalls implizit das Problem der Zeit stellt, ist es in der synchronistischen Denkweise viel zentraler, weil es das Schlüsselmoment ist – ein bestimmter Zeitmoment – und als solches die vereinigende Tatsache, der Brennpunkt für die Beobachtung dieses Komplexes von Ereignissen.

In der modernen westlichen Naturwissenschaft wird mittels Algebra versucht, die Wahrscheinlichkeit einer Ereignisfolge zu beschreiben – durch algebraische Matrizen verschiedener Form und durch algebraische Funktionen und Kurven. Die Chinesen benutzten ebenfalls die Mathematik für die Beschreibung ihrer Synchronizitätsereignisse. Auch sie gebrauchten so etwas wie mathematische Formeln, jedoch nicht algebraische Abstraktionen; vielmehr nahmen sie die ganzen natürlichen Zahlen (1, 2, 3, 4, 5, 6, 7), so daß man sagen könnte, die Mathematik dieser chinesischen Denkweise basiert auf verschiedenen Eigenschaften, die man der Serie natürlicher Zahlen entnehmen kann, die allgemeinen Gesetze, die man aus ihnen abstrahieren kann. Man verwendet die Drei, die Vier oder die Fünf, um ein Bündel von Ereignissen in eine mathematische Form zu fassen.

Die Grundlage der mathematischen Wissenschaft bzw. die Mathematik des synchronistischen Denkens ist daher die natürliche ganze Zahlenreihe, und man findet sie deshalb auch in allen Wahrsage-Techniken. Die einfachste Form des Wahrsagens besteht aus zwei Möglichkeiten: Treffen oder Verfehlen. Man wirft eine Münze und erhält Kopf oder Zahl und entscheidet entsprechend, ob man einen Ausflug macht oder nicht, oder in welcher Sache auch immer man unentschlossen ist. Treffen oder Verfehlen ist die Grundidee allen Wahrsagens, aber es gibt in den verschiedenen Kulturen unterschiedliche Techniken, die Situation eines bestimmten Augenblicks besser zu verstehen.

Die westliche Denkweise basiert auf einer extravertierten Orientierung, indem man zuerst die Ereignisse anschaut und dann daraus ein mathematisches Modell abstrahiert. Die östliche oder chinesische Art ist es, ein intuitives geistiges Modell zu verwenden, um das Ereignis zu lesen, nämlich die natürlichen ganzen Zahlen. Man wendet sich dem Ereignis zunächst durch das Werfen von Kopf oder Zahl zu, d. h. als einem psychischen oder psycho-physischen Geschehen. Die Frage des Wahrsagers ist mediumistisch. Während einerseits das physikalische Ereignis darin besteht, daß die Münze entweder Kopf oder Zahl fällt, wird die Qualität der weiteren äußeren und inneren Geschehnisse daraus zu entnehmen sein. Diese Sicht ist vollkommen komplementär zu der unsrigen.

Wie Jung in seinem Aufsatz »Synchronizität als Prinzip akausaler Zusammenhänge« hervorhebt, ist es für die Chinesen wesentlich, daß sie nicht, wie viele andere Kulturen, dabei stehen blieben, Wahrsage-Methoden zum Vorhersagen der Zukunft zu benutzen – ob man z. B. heiraten solle oder nicht. Man fragt den Priester und er sagt: »Nein, du wirst sie nicht (oder du wirst sie) bekommen.« Dies wird auf der ganzen Welt praktiziert, nicht nur offiziell, sondern auch von vielen Leuten still bei sich zu Hause, wenn sie Tarot legen oder kleine Rituale ausüben: »Wenn heute die Sonne scheint, werde ich das und das tun.« Der Mensch denkt ständig in dieser Weise, und sogar Wissenschaftler haben diesen kleinen Aberglauben, wenn sie sagen, weil die Sonne ins Zimmer schien, als sie aufstanden, wird heute dies oder jenes gut herauskommen. Sogar wenn man es nach seiner bewußten Weltanschauung verwirft, gebraucht der primitive Mensch in uns dauernd diese Art Vorhersage der Zukunft, sozusagen mit der linken Hand, um sie dann seinem rationalistischen Bruder gegenüber zu leugnen, obwohl er sehr erleichtert ist, wenn er entdeckt, daß der andere das auch macht!

Auf dieser Stufe kann sich aber das Wahrsagen nicht entwickeln und nicht differenziert werden; es bleibt dann eine Art primitiver Ratetechnik, die versucht, die Zukunft mit einem technischen Trick zu erraten. Das wird, wie gesagt, bei uns insgeheim und offener in allen primitiven Kulturen praktiziert. Wenn man in Afrika reisen will, geht man zu einem Medizinmann, der ein paar Hühnerknochen wirft, und je nachdem wie sie fallen, mehr in das rote oder in das weiße Feld, das er am Boden gezeichnet hat, und in welcher Anordnung auch immer, so wird er sagen, ob die Reise erfolgreich sein wird oder nicht, ob man gehen soll oder nicht. Vor jeder großen Unternehmung wie Jagen oder einer langen, gefährlichen Reise nach Johannesburg oder was auch immer, konsultiert man ein solches Orakel und handelt danach. Wir tun dasselbe heimlicher, aber in beiden Fällen – Ausnahmen werde ich später nennen – ist es nicht in unsere Weltanschauung eingebaut und bleibt daher eine unentwickelte primitive Praktik, ein Ritual, das wir nicht in unsere bewußte Sicht der Realität zu integrieren geneigt sind.

Die Chinesen besaßen, wie alle Kulturen, diese primitive Technik, bis sie verboten wurde. In jeder chinesischen Stadt gab es auf dem Marktplatz ein paar I Ging-Priester, die für die Leute Münzen warfen oder Schafgarbenstengel verlasen, um ihre Fragen zu beantworten, doch wurde das eines Tages verboten. 1960 dachte Mao daran, den rationalistischen Druck auf die Massen ein wenig zu lockern, und fand zwei Möglichkeiten heraus: entweder mehr Reis auszuteilen oder den Gebrauch des I Ging zu erlauben, und alle, die er befragte, sagten ihm, das Volk sei begieriger, das I Ging wieder benutzen zu dürfen als mehr Essen zu bekommen. Geistige Nahrung – und das I Ging war seine geistige Nahrung – war ihm wichtiger, und so wurde es für ein oder zwei Jahre wieder erlaubt, bis man es wieder unterdrückte. Für die Chinesen ist es typisch, daß sogar eine Schüssel Reis – und sie sind sehr hungrig – weniger wichtig ist als ihr geliebtes Buch der Wandlungen und dessen geistige Orientierung.

Das große Verdienst um das I Ging gebührt zwei bemerkenswert genialen Männern, nämlich dem legendären König Wên und dem Fürsten von Chou, die das ursprüngliche primitive Orakelsystem

zu einer vollständigen philosophischen Weltanschauung entwik-
kelten. Sie behandelten das Orakel und seine ethischen Konsequenzen philosophisch; sie dachten über seine psychologischen
Voraussetzungen und Folgen nach, und dadurch wurde es in
China die Grundlage einer sehr tiefen und weiten Weltanschauung. Jung schreibt in seinem Aufsatz über die Synchronizität,
daß diese Entwicklung nur in China geschah, aber zufällig habe
ich entdeckt, daß es auch in Westnigeria so war. Dort gab es
bestimmte Medizinmänner, die durch ihre Orakeltechnik – in
ihrem Fall die Geomantie – eine ganze religiöse Philosophie
entwickelten, etwas primitiver vielleicht als die chinesische,
jedoch ebenfalls einen kompletten religiösen und philosophischen Standpunkt hinsichtlich des Orakels, das sie nicht einfach
als Vorhersage-Methode gebrauchten.

Dies sind die beiden Beispiele, die ich kenne. Vermutlich gibt es
noch ein drittes, dessen Material ich mir aber nicht verschaffen
konnte; soweit ich weiß, existiert darüber nur eine Untersuchung.
Die alte Kultur der Mayas, die immer offenkundiger von Zentralasien abhängt und daher wohl mit der chinesischen Kultur
verbunden ist, besaß auch eine Orakel-Methode vom Typ des I
Ging, das Tzité-Orakel, und aufgrund der Eigenart ihrer Kultur
vermute ich, daß sie ebenfalls eine philosophische Auffassung
davon hatten und daß es nicht nur eine Vorhersage-Technik mit
der linken Hand war.[1] Wir können Vermutungen darüber anstel-
len, weil in der Religion der Maya alle Götter der Zeit und den
Zahlen zugeordnet waren. Alle Hauptfiguren in den Mythen der
Maya haben eine bestimmte Zahl, die sogar in ihren Namen
erscheint. Der größte Heros ist z. B. Hunabku, dessen Name von
Hun, der Zahl Eins, kommt; und dann gibt es auch den großen
Helden Sieben Jäger usw. Jeder große Gott ist zugleich eine Zahl
und ein Zeitabschnitt im Kalenderjahr. Dies ist die Vereinigung
einer archetypischen Figur mit einem bestimmten Zeitmoment

---

[1] Es gibt darüber einen Aufsatz von einem Autor namens Schultze-Jena, aber obwohl ich zwei
Jahre lang danach gesucht habe, konnte ich ihn in der Schweiz nirgends finden. Soviel ich weiß,
schreibt der Autor nur über die Technik des Maya-Orakels und nicht über ihren philosophischen
Hintergrund.

und einer bestimmten natürlichen Zahl. Das weist darauf hin, daß das Maya-Orakel wahrscheinlich mit der entsprechenden philosophischen Anschauung verbunden war, aber ich habe, wie gesagt, noch keine Details darüber gefunden.

Wir wollen deshalb noch bei der chinesischen Denkweise verweilen. Es gibt darüber ein ausgezeichnetes Buch des Soziologen Marcel Granet (»Das Chinesische Denken« München, 1963), der sagt, daß der Chinese nie in Quantitäten dachte, sondern immer in Begriffen qualitativer Sinnbilder. Jung würde »Symbole« sagen, und der Einfachheit halber will ich auch diesen Ausdruck gebrauchen. Nach den Chinesen umschreiben Zahlen reguläre Beziehungen von Ereignissen und Dingen, genau wie bei uns. Wir versuchen, mit algebraischen Formeln reguläre Beziehungen zu beschreiben. Als Kategorie ist die Kausalität die Idee, solche Beziehungen zu entdecken, und auch für den Chinesen drücken Zahlen die reguläre Beziehung von Dingen aus – aber nicht auf quantitative Art, sondern *in qualitativer Abstufung* bezeichnen sie die konkrete Anordnung der Dinge. Wir können dem nur zustimmen, denn es ist bei uns mehr oder weniger dasselbe, außer daß die Betonung bei den Chinesen auf der *qualitativen* Ebene liegt.

In China wurde diese Anschauung noch weitergeführt, indem man dort glaubte, daß dem Universum letztlich ein Zahlenrhythmus zugrundeliegen könnte. Dieselbe Frage erhebt sich nun auch bei uns, denn die moderne Physik meint, man könnte möglicherweise einen Grundrhythmus des Universums entdecken, der all die verschiedenen Phänomene erklärt, aber das ist im Augenblick noch die Spekulation einiger neuzeitlicher Physiker. Die Chinesen nahmen einfach an, daß es diesen Rhythmus der gesamten Wirklichkeit gab, daß es ein Zahlenmuster war und daß deshalb jede Beziehung der Dinge untereinander in allen Bereichen des äußeren und inneren Lebens dasselbe grundsätzliche Zahlenmuster in Form eines vorgestellten Rhythmus spiegelt.

Bis zum Ende des 19. Jahrhunderts hatten die Chinesen auch eine viel energetischere und dynamischere Auffassung der Welt als wir, indem sie alles als Energiestrom ansahen. Heute denken wir eigentlich auch so, doch diese Idee kam uns erst viel später und durch die Wissenschaft vermittelt. Die ursprüngliche Auffassung der Chinesen war es von Anfang an und zu allen Zeiten, daß außen und innen alles ein Energiefluß ist, der bestimmten grundlegenden und sich wiederholenden Zahlenrhythmen folgt. In allen Ereignisbereichen kam man schließlich immer zu diesem Spiegelbild, dem Grundrhythmus – der Matrix – des Kosmos. Für die, die mathematisch nicht so geschult sind: Eine Matrix ist eine regelmäßige Ordnung von Zahlen in mehreren Reihen; es kann irgendeine Anzahl von Reihen oder Kolumnen sein, jedoch immer in rechteckiger Anordnung.

4	9	2
3	5	7
8	1	6

Abb. 2: Lo Shou
(modern ausgedrückt: eine Matrix)

Für die Chinesen war eine viereckige Matrix – ein magisches Quadrat namens Lo Shou (Abb. 2), das den Grundrhythmus festlegt – eine der grundlegenden Matrizen. Es ist ein sogenanntes magisches Quadrat, weil das Ergebnis immer 15 ist, auf welche Weise man die Zahlen auch addiert; außerdem ist es ein mathematisches Unikum. Es gibt viele magische Quadrate mit mehr Reihen und mehr Möglichkeiten der Addition, aber dieses ist das einfachste und hat nur acht Lösungen. Ich möchte sagen, es ist eine der symmetrischsten Zahlenmatrizen, die in der Arithmetik zu finden sind. Die Chinesen entdeckten es intuitiv, und es stellte für sie einen grundlegenden Spiegel bzw. ein rhythmisches Bild des Universums in seinem zeitlichen Aspekt dar. Ich werde später darauf zurückkommen. Für das Orakel hatten die Chinesen zwei Vorstellungen der Zeit: die zeitlose Zeit oder Ewigkeit, unwandelbare Ewigkeit, und darüber gelegt die zyklische Zeit. Mit unserem Bewußtsein leben wir, nach den Chinesen, normalerweise in der zyklischen Zeit, aber es gibt darunter eine ewige Zeit – une durée créatrice, um einen Ausdruck von Bergson zu gebrauchen –, die sich manchmal mit der anderen vermischt. Die gewöhnliche chinesische Zeit ist zyklisch und folgt diesem Muster. Die innersten Räume des Herrscherpalastes wurden danach angeordnet; ebenso wurden alle Musikinstrumente nach diesem Muster gestimmt, alle Tänze und das ganze Protokoll sowie auch das, was ein Mandarin oder ein Bürger am Begräbnis seines Vaters zu tun hatte. In jedem Detail spielte das Zahlenmuster eine Rolle, weil es als Grundrhythmus der Wirklichkeit betrachtet wurde; deshalb stand in verschiedenen Variationen immer und überall – in der Musik, im Zeremoniell, in der Architektur – dasselbe Muster im Mittelpunkt.

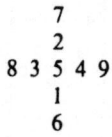

Abb. 3: Ho-tou.

Die zugrundeliegende Zahlenordnung der Ewigkeit wird Ho-tou (Abb. 3) genannt, sie ist sowohl ein Mandala als auch ein Kreuz. Dort steht wieder die Fünf in der Mitte. Man zählt 1, 2, 3, 4, bewegt sich dann zur mittleren Fünf, dann 6, 7, 8, 9, und danach zurück zur Zehn – die Zehn wäre wirklich in der Mitte. Man muß immer über Kreuz gehen und kommt dann zurück zur Mitte. Tatsächlich handelt es sich um einen Tanz, denn die Bewegung fließt in die 4 aus und zieht sich dann in der Mitte zusammen, sie hat eine Systole und eine Diastole. Das Lo Shou repräsentiert die zeitliche Welt, in der wir leben, und darunter liegt immer das Ho-tou, der Ewigkeits-Rhythmus. Diese Vorstellung lag der gesamten kulturellen und wissenschaftlichen Anwendung der Mathematik in China zugrunde. Wir wollen sie nun mit unserer eigenen Anschauung vergleichen.

Zunächst möchte ich vorstellen, was der bekannte Mathematiker Hermann Weyl in seinem Buch »Philosophie der Mathematik« darüber sagt. Bis etwa 1930 war die große und leidenschaftliche

20

Liebe Leserin, lieber Leser,
das Programm des Kösel-Verlages ist
breit gefächert und reicht vom religiösen Buch bis zur Literatur zu
allgemeinen Themen unserer Zeit.
Wir unterrichten Sie in Zukunft gern
und regelmäßig über Neuerscheinungen
auf dem Gebiet, das Sie persönlich
besonders interessiert.
Bitte füllen Sie diese Karte aus und
schicken uns diese baldmöglichst
zurück. Wir berichten Ihnen dann
unaufgefordert jeweils im Frühjahr
und Herbst über unsere neuen Bücher.

Mit freundlichen Grüßen

Kösel-Verlag
Information und Beratung

Dieter Amman

Antwort

An den

Kösel-Verlag
Information und Beratung

Flüggenstraße 2
8000 München 19

Bitte kreuzen Sie die Gebiete an, die Sie besonders interessieren:

A ☐ Psychologie/ Lebenshilfe

B ☐ Esoterik/Neues Bewußtsein

C ☐ Theologie/Religion

Die Sendungen richten Sie bitte an folgende Anschrift:

Vorname /Name oder Institution
_____

Straße und Hausnummer
_____

PLZ/Wohnort
_____

Beruf
_____

Diese Karte entnahm ich dem Buch:

_____

_____

Beschäftigung der meisten Mathematiker die Grundlagendiskussion. Wie es heute Mode ist, wollten sie die Grundlagen ihrer Wissenschaft neu diskutieren. Der berühmte deutsche Mathematiker David Hilbert schuf eine neue Konstruktion sozusagen des gesamten Gebäudes der Mathematik und hoffte, es würde nun keine inneren Widersprüche mehr enthalten. Ein paar grundsätzliche Axiome sollte es geben, auf denen man alle Zweige der Mathematik aufbauen konnte: Topologie, Geometrie, Algebra usw.; es sollte ein großes Gebäude mit soliden Fundamenten in wenigen Axiomen sein. Das war 1926, und Hilbert war kühn genug zu sagen: »Ich glaube, mit meiner Theorie sind die Grundlagenfragen der Mathematik ein- für allemal aus der Welt geschafft.«

Bald darauf (1931) nahm dann ein anderer berühmter Mathematiker, Kurt Gödel, einige dieser Axiome auf und zeigte, daß man mit ihnen vollkommene Widersprüche erzeugen konnte: Beim selben Axiom beginnend konnte man etwas beweisen, aber zugleich auch das völlige Gegenteil. Gödel zeigte, mit anderen Worten, daß die grundlegenden Axiome einen irrationalen Faktor enthalten, der nicht umgangen werden kann. Seither darf man in der Mathematik nicht sagen, daß etwas offensichtlich so oder so ist und daß deshalb dies oder jenes auch so ist, sondern: »Ich nehme an, es ist so oder so, und wenn es so ist, dann folgt daraus das und das.« Die Axiome müssen als Vermutungen vorgebracht oder postuliert werden, danach kann ein logischer Schluß gezogen werden, aber man kann daraus nicht folgern, daß dem nicht widersprochen oder daß es nicht bezweifelt werden kann.

Um solche Annahmen zu postulieren, werden in der Mathematik allgemeine Formulierungen gebraucht wie: »Es ist selbstverständlich« oder »Es ist vernünftig, zu denken« – auf diese Art setzen die Mathematiker heutzutage ein Axiom und bauen darauf ihre Hypothesen auf. Von dann an gibt es keinen Widerspruch mehr, nur eine Schlußfolgerung ist möglich, doch gerade in dem »es ist vernünftig, zu denken« liegt der Hund begraben. Gödel hat das gezeigt und stellte so das Ganze auf den Kopf. Seltsamerweise hat das jedoch die Grundlagendiskussion nicht wieder eröffnet. Von da an hat, wie Weyl schreibt, fast niemand mehr das Problem berührt, man fühlte sich ein wenig unbehaglich und kratzte sich hinter dem Ohr und sagte: »Wir wollen nicht mehr über Grundlagen diskutieren, es hat keinen Zweck: es ist vernünftig anzunehmen – darüber kann man nicht hinausgehen«, und dabei ist es bis heute geblieben.

Weyl jedoch durchlief eine sehr interessante Entwicklung. Zunächst zog ihn der Physiker Werner Heisenberg an. Er war ein ausgesprochener Pythagoräer und von der Numinosität der natürlichen ganzen Zahlen fasziniert. Dann begeisterte ihn David Hilbert, und in der Lebensmitte hatte er eine Phase, in der er mehr und mehr von der Hilbertschen Logik angezogen wurde und das Problem der Zahlen fallen ließ, indem er sie, meiner Meinung nach irrtümlich, als einfach gesetzte Quantitäten behandelte. Er sagt z. B., daß die natürlichen Zahlen so sind, als nähme man einen Stock, um eine Linie mit Markierungen zu ziehen, die man ganz konventionell benennt; da stecke nichts dahinter, sie seien einfach vom menschlichen Geist gesetzt und hätten nichts Geheimnisvolles an sich – es ist »vernünftig und selbstverständlich«, das zu tun. So fügte er am Ende seines Lebens folgenden Abschnitt hinzu:

Diese schönen Hoffnungen (die Welt von der Grundlagendiskussion zu befreien) wurden im Jahre 1931 durch die Entdeckung von Kurt Gödel geknickt ... Die letzten Grundlagen und eigentliche Bedeutung der Mathematik bleiben ein offenes Problem ... Vielleicht ist ›Mathematisieren‹ wie Musizieren eine schöpferische Tätigkeit des Menschen ... Obgleich die Idee einer an sich seienden und in sich vollständigen transzendenten Welt das führende Prinzip im Aufbau unseres Formalismus ist, hat dieser Formalismus auf jeder Stufe den Charakter der Unvollständigkeit[1], insofern es immer Probleme, sogar solche von einfacher arithmetischer Natur, geben wird, die zwar innerhalb des Formalismus formuliert und durch Einsicht, jedoch nicht durch Deduktion innerhalb des Formalismus entschieden werden können.

Dies ist die komplizierte Ausdrucksweise des Mathematikers; einfacher gesagt heißt es, daß ich wohl sagen darf »es ist

---

[1] D. h. jede mathematische Theorie ist in sich folgerichtig, aber unvollständig, am Rande bleiben Fragen übrig, die nicht selbstverständlich, nicht klar und nicht vollständig sind.

offensichtlich«, wodurch ich etwas Irrationales setze, weil es nicht offensichtlich ist. Nun könnte man die Bewegung eines Ouroboros machen und sagen: »Aber aus meiner Schlußfolgerung kann ich meinen Ausgangspunkt nochmals beweisen.« Das kann man nicht! Man kann aus dem rückschließenden Formalismus nicht nachträglich einen Beweis ableiten, außer durch eine Tautologie, die natürlich nicht einmal in der Mathematik erlaubt ist. Weyl fährt fort:

Wir sind nicht überrascht, daß ein in seinem isolierten phänomenalen Sein herausgegriffenes Stück der Natur sich durch seine Unergründlichkeit und Unvollständigkeit einer erschöpfenden Analyse entzieht; wie wir gesehen haben, projiziert die Physik um der Vollständigkeit willen das Gegebene auf den Hintergrund des Möglichen.

Das ist wichtig, weil es in einem Satz zusammenfaßt, was die moderne Naturwissenschaft tut. Mit anderen Worten, jedes Teilstück der sichtbaren Welt, sagen wir meine Brille, enthält etwas Irrationales, das nicht durch die physikalische Analyse ausgeschöpft werden kann. Warum die Elektronen dieser Abermillionen von Atomen, aus denen meine Brille besteht, an diesem Ort sind und nicht woanders, kann ich nicht erklären; deshalb gibt es durch die Physik keine vollkommen gültige Erklärung, wenn es zu einem einzelnen Ereignis in der Natur kommt.

Das einzelne Geschehen ist immer irrational, aber in der Physik geht man so vor, daß man das in den Hintergrund des Möglichen projiziert, d. h. man macht eine Matrix. In dieser Brille z. B. sind so viele Atome und Atomteilchen usw., und aus einer ganzen Gruppe kann man eine mathematische Formel machen, durch die man sogar die Teilchen zählen könnte – nicht mit 1, 2, 3, 4, 5, sondern indem man sie auf den Hintergrund des Möglichen projiziert. Deshalb werden heute diese Matrizen und die Wahrscheinlichkeitsrechnung im Ingenieurwesen gebraucht, weil man so mit dem Unzählbaren verfahren kann; sie stellen ein Instrument dar, das man für Dinge verwenden kann, die nicht einzeln gezählt werden können. Weyl sagt:

Es ist nicht überraschend, daß jedes Stück Natur, das wir auswählen [diese Brille z. B. oder etwas anderes], letztlich einen irrationalen

Faktor hat, den wir nicht erklären können und niemals erklären werden, und daß wir ihn wie in der Physik nur beschreiben können, indem wir ihn auf den Hintergrund des Möglichen projizieren.

Aber dann fährt er fort:

Doch ist es überraschend, daß etwas vom Geist selbst Geschaffenes, nämlich die Reihe der ganzen Zahlen [ich sagte schon, daß er die falsche Vorstellung hat, der menschliche Geist habe 1, 2, 3, 4, 5 geschaffen, indem er Markierungen machte], so einfach und durchsichtig sie ist für den konstruktiven Geist, einen ähnlichen Aspekt des Abgründigen und Unbeherrschbaren annimmt, wenn man sie vom axiomatischen Gesichtspunkt betrachtet.

Dies ist das Bekenntnis eines der bemerkenswertesten, weil am meisten philosophisch orientierten, modernen Mathematikers. Wir können natürlich sagen, daß wir nicht glauben, was er glaubte, nämlich daß die ganzen Zahlen einfach die Benennung von gesetzten Punkten darstellen, deshalb ist es für uns nicht überraschend, daß die natürlichen Zahlen abgründig und jenseits unseres Begreifens sind. Er aber glaubte das, und deshalb konnte er es nicht verstehen. Es ist nicht zu glauben, daß es so sein könnte, aber es ist so – mit anderen Worten: weil die natürlichen Zahlen etwas Irrationales an sich haben (er nannte es abgründig), sind die Grundlagen der Mathematik nicht solide, denn letztlich beruht die Mathematik als Ganzes auf der vorgegebenen Reihe der ganzen Zahlen.

Gerade weil nun aber die Zahlen irrational und abgründig sind, um Weyl zu zitieren, sind sie ein gutes Instrument, um etwas Irrationales zu erfassen. Wenn man Zahlen benutzt, um das Irrationale zu fassen, dann gebraucht man ein irrationales Mittel, um des Irrationalen habhaft zu werden, und das ist die Grundlage des Wahrsagens. Man nahm diese irrationalen abgründigen Zahlen, die bis dahin niemand verstanden hatte, und versuchte, die Realität zu enträtseln bzw. die Verbindung der Zahlen mit der Realität – doch da kam zum Problem des Wahrsagens noch das der Zeit hinzu.

Wahrsagen hat mit Synchronizität zu tun, und Jung hat die synchronistischen Erscheinungen parapsychologische Phänomene genannt. Dies gilt es im Gedächtnis zu behalten, weil in der modernen Naturwissenschaft heute Physiker und Psychologen die Einheit von Physik und Psychologie im Bereich der parapsychologischen Phänomene zu finden versuchen. Sie haben die Ahnung oder Vermutung, daß die parapsychologischen Erscheinungen uns einen Schlüssel für die Einheit von Physis und Psyche vermitteln können. Beim Wahrsagen, und ich beziehe mich hier besonders auf das Wahrsagen mit Zahlen, hätte man es also mit einer parapsychologischen Erscheinung zu tun, die mit Zahlen verbunden ist. Jung nannte einmal die Zahl den primitivsten Ausdruck des Geistes, und so müssen wir uns nun mit dem befassen, was vom psychologischen Standpunkt aus unter dem Wort Geist zu verstehen ist.

Beim Versuch, näher zu beschreiben, wie er das Wort »Geist« gebraucht, zitiert Jung eine Menge umgangssprachlicher Ausdrücke, in denen Geist als so etwas wie eine immaterielle Substanz vorkommt bzw. als das Gegenteil von Materie[1]. Gewöhnlich verwenden wir auch das Wort »Geist«, um etwas zu bezeichnen, das ein kosmisches Prinzip ist, aber wir benutzen dasselbe Wort, wenn wir von bestimmten psychischen Fähigkeiten oder Aktivitäten des Menschen sprechen, wie Intellekt, Denkfähigkeit oder Vernunft. Man sagt z. B.: »Er hat eine geistige Weltanschauung«, oder »Diese Idee kommt aus einem verdrehten Geist« oder etwas Ähnliches. Andererseits gebrauchen wir das Wort als kollektives Phänomen wie etwa im Begriff »Zeitgeist«.

Die Renaissance besaß z. B. einen bestimmten Geist, der sich in Kunst, Technologie, Mathematik und religiösen Anschauungen manifestierte. Alle diese Erscheinungen, die das 16. Jahrhundert charakterisieren, können als Geist der Renaissance zusammengefaßt werden. In diesem Sinne wird das Wort einfach als kollektives Phänomen verwendet, die Summe der Vorstellungen, die vielen Menschen gemeinsam sind. Man kann auch vom Geist des Marxismus oder des Nationalsozialismus sprechen, wenn es sich

---

[1] Vgl. C. G. Jung: Zur Phänomenologie des Geistes im Märchen. Ges. Werke, Bd. IX, §§ 384 ff.

um die gemeinsamen kollektiven Gedanken einer ganzen Gruppe handelt. Es gibt daher, so fährt Jung fort, einen gewissen Gegensatz zwischen einem Geist, der eine Art außermenschlicher Existenz hat – der kosmische Geist als Gegenstück zur Materie des Kosmos – und dem, was wir als Aktivität des menschlichen Bewußtseins erfahren. Wenn wir von jemandem sagen, er habe einen verdrehten Geist, dann bedeutet dies, daß sein Ich-Komplex intellektuell falsch arbeitet. Jung sagt deshalb: Wenn in einem Individuum etwas Psychisches geschieht bzw. ein psychologisches Ereignis eintritt und es das Gefühl hat, das gehöre zu ihm, dann nennt es das seinen Geist – was übrigens ganz falsch ist, aber von vielen Leuten so bezeichnet wird. Wenn ich plötzlich die Idee habe, Ihnen ein gutes Beispiel zu bringen, dann würde ich meinen, das sei meine gute Idee, mein Geist habe sie hervorgebracht. Wenn hingegen etwas Psychisches passiert, das dem Individuum seltsam vorkommt, dann nennt es dies einen »Geist«, fast im Sinne von Gespenst, und dann erlebt man es wie eine Besessenheit.

Angenommen, ich fühle mich auf einmal gezwungen, ständig zu sagen: »Die Geranien sind blau, die Geranien sind blau . . .«, dann wäre das verrückt, es würde mir ganz merkwürdig vorkommen im Hinblick auf das, was ich hier jetzt tue, und ich würde sagen: »Meine Güte, was für ein Teufel oder Geist setzt mir so eine verrückte Idee in den Kopf, er hält mich besessen und bringt mich dazu, Unsinn zu reden!« Wenn es aber eine gute Idee ist, dann würde ich sie ohne weiteres als die meine ansehen! Die Primitiven sind darin ehrlicher: Alles, was ihnen unerwartet von innen her zufällt, nennen sie einen Geist; nicht nur das Böse, von dem man besessen ist, sondern alles, von dem man sagen kann: »Mein Ich hat es nicht gemacht, es fiel mir plötzlich zu« – das ist Geist. Solange der Geist wie in diesem Falle noch außerhalb ist, wenn ich davon besessen bin, etwas zu tun oder zu sagen, das nicht zu meinem Ich zu gehören scheint, handelt es sich um einen projizierten Aspekt meines Unbewußten; es ist ein Teil meiner unbewußten Psyche, der projiziert ist und dann als parapsychologisches Phänomen erlebt wird.

Dies geschieht, wenn man in einen Zustand kommt, in dem man nicht sich selbst ist, oder in einen emotionalen Aufruhr, wo man die Kontrolle über sich verliert, hinterher jedoch völlig ernüchtert aufwacht und die dummen Sachen anschaut, die man im Zustand der Besessenheit getan hat, und sich fragt, was eigentlich über einen gekommen ist: etwas hat mich gepackt, ich war nicht ich selbst, obwohl ich meinte, ich sei es, während ich mich so benommen habe – es war, als wäre ein böser Geist oder der Teufel in mich gefahren.

Man darf diese Dinge nicht einfach als umgangssprachlich-amüsant betrachten, sondern muß sie ganz wörtlich nehmen, denn ein Teufel – oder wie wir neutraler sagen würden, ein autonomer Komplex – tritt zeitweilig an die Stelle des Ich-Komplexes; er fühlt sich zwar wie ein Ich an, aber er ist es nicht, denn hinterher, wenn man davon wieder befreit ist, kann man nicht verstehen, wie man dazu kam, solche Dinge zu denken oder zu tun.

Eine der wichtigsten Arten, wie wir das Wort »Geist« gebrauchen, ist seine Verwendung für den inspirierenden, belebenden Aspekt des Unbewußten. Mit dem Unbewußten in Berührung zu kommen, hat tatsächlich eine belebende und inspirierende Wirkung auf das Ich, und das ist die Grundlage all unserer therapeutischen Bemühungen. Manchmal werden Menschen, die in einem neurotischen Teufelskreis gefangen sind, vom Interesse an ihren Träumen gepackt, und dann fließt der Lebensstrom wieder; sie haben ein neues Interesse und sind daher auf einmal lebendiger und leistungsfähiger. Dann sagt vielleicht jemand: »Was ist mit dir passiert? Du bist wieder lebendig geworden« – aber das geschieht nur, wenn es dem Individuum gelingt, den Kontakt zum Unbewußten herzustellen bzw. zur Dynamik des Unbewußten und damit zu seinem belebenden, inspirierenden Aspekt.

Jung definiert deshalb den Geist vom psychologischen Standpunkt aus als den *dynamischen Aspekt der Psyche*. Man kann das Unbewußte als stilles Wasser oder reglosen See betrachten. Die Dinge, die man vergißt, fallen in diesen See; wenn man sich an sie erinnert, fischt man sie heraus, doch der See selbst bewegt sich nicht. Das Unbewußte *hat* diesen Aspekt einer Matrix oder eines Mutterleibes, aber es hat auch die andere Seite, indem es Dynamik und Bewegung enthält, es handelt aus eigenem Antrieb, es verfaßt z. B. Träume. Man könnte sagen, daß das Hervorbringen von Träumen während des Schlafes ein Aspekt des Geistes ist; irgendein meisterhafter Geist oder Verstand komponiert eine höchst geniale Serie von Bildern, die, sofern man sie entziffern kann, eine höchst intelligente Botschaft zu vermitteln scheinen. Das ist die dynamische Seite des Unbewußten, in der es von sich aus energetisch handelt, es bewegt sich von selbst und erschafft, und das definiert Jung als Geist. Natürlich gibt es eine undeutliche Grenze zwischen subjektivem und objektivem Geist, aber praktisch ist es der eigene Geist, wenn man spürt, daß er zu einem gehört; fühlt man dagegen, daß er nicht zu einem gehört, nennt man ihn *den* Geist oder *einen* Geist. Das hängt davon ab, ob man sich ihm verwandt fühlt oder nicht, ihm nahe steht oder nicht.

Jung faßt das zusammen, indem er sagt, Geist enthalte ein spontanes psychisches Prinzip von Aktivität und Bewegung; sodann hat er auch die Eigenschaft, Bilder frei und jenseits unserer sinnlichen Wahrnehmung zu erschaffen (im Traum hat man keine Sinneswahrnehmungen – der Geist oder das Unbewußte schafft die Bilder von innen her, während die Wahrnehmung schläft); und drittens gibt es für den Geist einen autonomen und souveränen Umgang mit diesen Bildern.

Dies sind die drei charakteristischen Merkmale dessen, was Jung Geist oder die Dynamik des Unbewußten nennt. Er äußert sich spontan, erschafft von sich aus Bilder jenseits der sinnlichen Wahrnehmung und manipuliert diese Bilder auf autonome und souveräne Weise. Wenn wir unsere Träume anschauen, sehen wir, daß sie oft aus Eindrücken des vergangenen Tages zusammengesetzt sind. Man hat vielleicht etwas in der Zeitung gelesen oder auf der Straße erlebt, oder man hat mit Frau Sowieso geredet, usw. Der Traum nimmt diese Bruchstücke auf und macht daraus ein völlig neues aber sinnvolles Potpourri. Daran sieht man die souveräne Handhabung der Bilder: sie sind anders geordnet und in eine völlig verschiedene Reihenfolge mit einer ganz anderen Bedeutung gestellt worden, obwohl man noch erkennt, daß die einzelnen Elemente z. B. den Erinnerungsresten des vergangenen Tages entnommen sind. Deshalb denken viele Leute, dies sei die ganze Erklärung des Traumes: »Ach, ich habe gestern in der Zeitung etwas von einem Feuer gelesen, darum habe ich von Feuer geträumt«, und dann muß man wie üblich damit beginnen zu sagen: »Ja, aber schau den Zusammenhang an, in den das Feuer gestellt ist – ganz anders als was du gelesen hast.« Da ist der Geist am Werk, diese unbekannte Macht im Unbewußten, die die inneren Bilder neu ordnet und manipuliert.

Dieser Faktor, der innere Bilder hervorbringt und handhabt, ist beim Primitiven völlig autonom, doch durch die Differenzierung des Bewußtseins wurde er langsam bewußtseinsnäher, und deshalb sagen wir im Gegensatz zu den Primitiven, daß wir teilweise die Urheber des Geistes sind. Oft sagen wir z. B., wir haben eine gute Idee gehabt oder etwas Neues gedacht. Ein Primitiver würde niemals sagen, er hätte etwa Pfeil und Bogen erfunden – er würde sagen, daß die Kunst, Pfeil und Bogen zu konstruieren, ihm vom entsprechenden Gott offenbart worden ist, und dann würde er einen Ursprungsmythos erzählen, der davon handelt, wie einem Jäger die Gottheit im Traum oder in einer Vision erschien und ihm enthüllte, wie man Pfeil und Bogen macht.

Je weiter also unser Bewußtsein ist und je mehr es sich entwickelt, desto mehr Aspekte des unbewußten Geistes ergreifen wir, ziehen sie in unseren subjektiven Bereich und nennen sie dann unsere eigene psychische Aktivität oder unseren eigenen Geist. Aber ein großer Teil der ursprünglichen Erscheinung des Geistes bleibt, wie Jung betont, natürlich autonom und wird daher immer noch als parapsychologisches Phänomen wahrgenommen. Wir dürfen, mit anderen Worten, nicht davon ausgehen, daß wir auf dem gegenwärtigen Stand unseres Bewußtseins, wo wir einen guten Teil vom Geist des Unbewußten assimiliert und angeeignet, d. h. zum Besitz des Ich-Komplexes gemacht haben, so daß das Ich ihn manipulieren kann, nun das Ganze haben. Immer noch gibt es einen enormen Bereich des Geistes, der sich so ursprünglich wie je zeigt, völlig autonom und daher als parapsychologisches Phänomen auftritt, wie bei den Primitiven.

Wenn man die Geschichte der Mathematik betrachtet, kann man ganz klar sehen, wie auch dort der Geist subjektiv wird. Die natürlichen Zahlen waren z. B. für die Pythagoräer kosmische göttliche Prinzipien, die die Grundstruktur des Universums bildeten. Sie waren Götter oder Gottheiten und zugleich das grundlegende Strukturprinzip allen Seins. Sogar der Mathematiker Leopold Kronecker (1823–1891) sagte noch, die natürlichen Zahlen seien die Erfindung Gottes, alles andere das Werk des Menschen.

Heute, in der Zeit der sogenannten Aufklärung, wo alles Irrationale und das Wort Gott ohnehin aus der menschlichen Wissenschaft hinausgeworfen worden sind, ist in der formalen Mathematik ein echter Versuch gemacht worden, die Zahl in einer Weise zu definieren, die alle irrationalen Elemente ausschließt, und zwar durch die Definition der Zahlen als Reihe von Markierungspunkten (1, 2, 3, 4, 5), als reine Schöpfung des menschlichen Verstandes. Jetzt ist der Geist anscheinend durch den Ichkomplex in Besitz genommen worden, das Ich des Mathematikers besitzt und erschafft die Zahlen! Das glaubte Weyl, und darum sagte er: »Ich kann nicht verstehen, daß etwas so Einfaches, das der menschliche Verstand erdacht hat, plötzlich etwas Abgründiges enthalten soll.« Er hätte sich nur fragen müssen, ob der menschliche Geist sie wirklich erschaffen hat.

Wenn die Primitiven 20 Pferde haben, können sie nicht die Pferde selbst zählen, sondern sie nehmen 20 Stöcke und sagen: ein Stock, ein Pferd, zwei Stöcke, zwei Pferde; sie zählen die Stöcke und mit ihnen die Anzahl der Pferde. Auf diese sehr weit verbreitete Art lernte der Mensch zählen. Wir machen das immer noch mit unseren Fingern; wenn jemand Dinge aufzählt, zeigen wir auf unsere Finger und gebrauchen sie als »Hilfsmenge«. Alles Zählen fing mit der Hilfsmenge an. Als der Mensch erstmals etwas zu zählen begann und dann mehr zählen mußte, benutzte er seine Finger; in vielen primitiven Kulturen werden

Punkte oder Zählstöcke gebraucht – wenn etwas gezählt werden soll, werden die Stöcke abgelegt und gezählt und dienen so als Hilfsmenge.

Wenn wir nun das tun, was Hermann Weyl tat, kehren wir einfach zur primitiven Art zurück und zählen die Hilfsmenge; aber das ist nur eine Handlung des menschlichen Verstandes, nicht die Zahl selbst. Solche Hilfsstöcke oder Punkte zu nehmen, ist eine Aktivität des Ichbewußtseins, durch die man zum Zählen befähigt wird; es ist eine Konstruktion des menschlichen Verstandes, aber nicht die Zahl selbst, und da liegt der große Irrtum.

Wir müssen also zurückkehren und sagen: Ja, Zahlen haben den Aspekt von Einheiten, die der menschliche Verstand setzen und manipulieren kann. Wir können einen bestimmten Komplex von Zahlen nehmen, ein arithmetisches Gesetz, eine Situation, und damit kann man vollkommen frei und willkürlich umgehen, den Wünschen des Ich gemäß, aber wir gehen nur mit den Derivaten um. Das Original jedoch, das die Leute dazu inspiriert hat, Zählstöcke zu machen und so z. B. auf die Anzahl der Pferde zu kommen, ist als Idee unmanipulierbar geblieben und immer noch autonom und zum schöpferischen Geist des Unbewußten gehörend.

Zu Weyls Zeit legte man einfach das Studium der einzelnen Zahlen beiseite, weil man immer wieder über etwas völlig Einfaches und doch Sonderbares stolperte: Eben hat man vier Punkte gesetzt, und dann entwickelten diese vier Punkte plötzlich Eigenschaften, die man nicht gesetzt hatte. Um von dieser unangenehmen Lage loszukommen und die Illusion aufrechtzuerhalten, daß Zahlen etwas sind, das man setzen und mit dem bewußten Verstand manipulieren kann, sagte Weyl: »(Die individuellen Zahlen werden) in ihrem aktuellen Vorkommen nicht einzeln hervorgehoben, sondern auf den Hintergrund einer nach festen Verfahren herstellbaren, geordneten, ins Unendliche offenen Mannigfaltigkeit von Möglichkeiten projiziert.«

Das tun die meisten modernen Mathematiker. Sie nehmen einfach die Theorie der natürlichen Zahlen von 1 bis N und behandeln sie als ein Ganzes. Sie sagen, diese Reihe natürlicher Zahlen habe bestimmte Eigenschaften – z. B. jede Zahl hat eine Vorgängerin, eine Nachfolgerin, eine Position und eine Ratio. Man nimmt dies als Ganzes und kann dann eine andere Mathematik mit komplexen und irrationalen Zahlen konstruieren. Man leitet daraus höhere Formen von Typen (man könnte sagen von Zahlen) ab und verfährt damit in mathematischer Sprache einfach wie mit einer »Klasse«, indem man etwa die 7, die 15 und die 335 darin außer acht läßt.

Man befaßt sich daher mit einer algebraischen Vorstellung und lediglich mit den Eigenschaften, die allen natürlichen Zahlen gemeinsam sind. Daraus kann man eine »Menge« bilden und die individuelle Zahl, wie Weyl sagt, mehr oder weniger außer acht lassen. Mathematiker sind ehrliche Menschen, sie leugnen nie, daß die einzelne Zahl irrationale, individuelle Eigenschaften besitzt, aber sie haben einfach kein Interesse daran. Henri Poincaré z. B. ist sogar noch ehrlicher, indem er meint, daß alle natürlichen Zahlen irrationale Individuen sind, aber gerade deshalb könne man über sie nicht viele allgemeine Zahlentheorien aufstellen, wodurch sie für die Mathematik nicht sehr fruchtbar seien. Sie sind nicht besonders brauchbar, weil sie zu viele Einzelfälle darstellen und zu wenige Gemeinsamkeiten haben, aus denen man ein Theorem machen kann. Das war Poincarés Standpunkt; er sagte nicht, daß sie uninteressant sind, sondern daß die natürlichen Zahlen nicht beliebt sind, weil man aus ihnen keine Theoreme ableiten kann. Man müßte dem Einzelfall Aufmerksamkeit schenken, und das mögen die Mathematiker nicht, weil es ihrem Temperament mehr entspricht, allgemeingültige Theorien aufzustellen.

Deshalb kann man an der Geschichte der Mathematik ganz deutlich sehen, was Jung als die allgemeine Entwicklung des menschlichen Geistes charakterisiert hat: daß alles, was wir jetzt unseren subjektiven Geist nennen, unsere intellektuellen Fähigkeiten in den Naturwissenschaften mit eingeschlossen, einst der objektive Geist gewesen ist, d. h. auf die inspirierende Dynamik der unbewußten Psyche zurückgeht. Aber mit der Entwicklung des Bewußtseins haben wir einen Teil davon in Besitz genommen, über den wir nun verfügen und den wir unser eigen nennen, indem wir so tun, als wäre er etwas, das vollkommen uns gehört. Das ist in der gesamten Entwicklung der Mathematik geschehen. Zuerst waren die Zahlen Götter, dann sind sie zu etwas entweiht worden, das willkürlich vom Ich des Mathematikers gesetzt wird. Aber die Mathematiker sind ehrlich genug zu sagen: »Nein, das ist nicht das Ganze, komischerweise gibt es Dinge, die ich schon hatte und die mir doch wieder entschlüpft sind, die etwas tun, was sie nicht sollten, sie sind nicht völlig Sklaven unseres Bewußtseins geworden.«

Eine parallele Entwicklung hat in der Geschichte der Physik stattgefunden, wo heute immer mehr das Konzept der Wahrscheinlichkeit gebraucht wird und wo man versucht, den Einzelfall so weit wie möglich zu ignorieren. Wolfgang Pauli sagte deshalb: »Infolge des von der Quantenphysik postulierten indeterministischen Charakters der Naturgesetze bekommt auch die physikalische Beobachtung den Charakter der irrationalen einmaligen Aktualität mit nicht vorhersagbarem Resultat.« Demgegenüber steht »der rationale Aspekt einer abstrakten Ordnung der Möglichkeiten von Feststellungen mit Hilfe des mathematischen Wahrscheinlichkeitsbegriffes und der psi-Funktion.«

Mit anderen Worten, die Physik sieht sich jetzt vor einem großen Problem, weil alle Vorberechnungen auf der Wahrscheinlichkeitsrechnung basieren und in Form einer Matrix oder anderer algebraischer Formen berechnet werden, mit ihnen jedoch nur eine allgemeine Wahrscheinlichkeit festgestellt werden kann. Dann macht man plötzlich eine Beobachtung, die ein einzelnes aktuelles Ereignis ist. Nun kann man aber diese aktuellen Einzelbeobachtungen, auch wenn sie 10 Millionen Dollar kosten – und das tun sie heutzutage im Bereich der Mikrophysik – nicht unendlich wiederholen, um daraus eine gewisse praktische Wahrscheinlichkeit zu ziehen. Dort klafft heute eine enorme Lücke, und deshalb sagt Pauli, das aktuelle Experiment (sagen wir mit einem Teilchen im Cyclotron) sei nur eine irrationale kleine Begebenheit, die im allgemeinen nicht ganz in die kalkulierte

Wahrscheinlichkeit hineinpaßt. Darum biegt man heute in der Physik all diese Gleichungen zurecht; man schwindelt ein wenig, um sie miteinander zu verbinden, und kann keine genauen Voraussagen mehr machen.

Natürlich haben die Physiker darüber nachgedacht. Wie kommt es, daß man keine Voraussagen machen kann, die wirkliche zahlenmäßige Ergebnisse zeitigen, nicht nur eine statistische Wahrscheinlichkeit? Pauli stellt ganz klar heraus, daß das von den Voraussetzungen herrührt, denn das Experiment ist ein tatsächliches einzelnes Ereignis, und die Berechnungsmittel der Mathematik basieren auf dem Grundsatz der Wahrscheinlichkeit, der nicht auf das einmalige Ereignis angewendet werden kann, sondern dieses ausschließt.

Deshalb müssen wir nun tiefer in das Problem der Wahrscheinlichkeit eindringen und fragen, was denn da passiert. Die einfachste Art, Wahrscheinlichkeit zu erklären, die ich auch benutzen werde, weil es sich offensichtlich um ein archetypisches Muster handelt, ist die mit Hilfe von Karten. Man hat einen Satz von 32 Karten und zieht eine davon. Die Wahrscheinlichkeit, daß man aus den 32 Karten etwa das Herz-As bekommt, ist 1 zu 32. Man hat genau diese Chance und nicht mehr. Wenn ich sage, Sie dürfen zehnmal ziehen, dann ist natürlich die Wahrscheinlichkeit, das Herz-As zu bekommen, viel größer, und wenn Sie tausendmal ziehen dürfen, dann wird die Chance noch größer usw.

Mit anderen Worten, die Wiederholung ist das Geheimnis der Wahrscheinlichkeit: Je öfter man eine Situation wiederholt, desto genauer kann die Wahrscheinlichkeit formuliert werden, bis man schließlich, und das ist die statistische Formulierung, zu einem Grenzwert kommt, wo man sagen kann: wenn man N hat, d. h. eine unendliche Zahl von Zügen, kann die Grenze ziemlich genau festgesetzt werden. Das ist in populärer, vereinfachter Form, was der kalkulierbaren Wahrscheinlichkeit zugrundeliegt.

Da ich keine Mathematikerin oder Physikerin bin, muß ich mich auf ziemlich vereinfachtes Material verlassen, und da benutzt der Physiker, wenn er die Wahrscheinlichkeit erklären will, immer das Beispiel von Würfeln oder Karten. Das gilt es stets zu bedenken. Wenn er das Theorem von Bernoulli erklärt, beginnt er damit, daß er sagt:»Sehen Sie, wenn Sie so und so viele Karten haben . . .« Immer wird dieselbe Art gebraucht, um dem Laien die Wahrscheinlichkeit zu erklären. Aber warum gerade dieses Beispiel? Das ist doch komisch! Um aber zur Sache zu kommen: es bedeutet, daß alle Mathematik und ihre Anwendung in der modernen Physik im Prinzip auf dem Eingeständnis der Unfähigkeit beruht, einzelne Voraussagen von einzelnen Ereignissen zu machen, zugleich aber auch auf dem Ziel, dies zu können, wenn es zu Tausenden und Millionen von Ereignissen kommt, die dann einen hohen Grad von Genauigkeit gewinnen.

Nun muß man als boshafter Psychologe, der nicht daran glaubt oder dies vielmehr als sehr einseitige Tätigkeit des menschlichen Verstandes betrachtet, zwei Fragen stellen: Erstens sieht man natürlich, daß das ein sehr fraglicher und einseitiger Begriff der Realität ist, den die moderne Naturwissenschaft durch die Anwendung dieser Methode erhält, und deshalb ist es gerechtfertigt, zu fragen, ob es nicht andere Möglichkeiten mit anderen Mitteln gibt. Im Moment möchte ich aber eine andere Frage stellen: »Warum, zum Teufel, glaubten Millionen hochintelligenter Wissenschaftler in Westeuropa und Amerika und in der ganzen Welt an das Gesetz der großen Zahlen, als wäre es Gott?« Diskutiert man nämlich mit modernen Naturwissenschaftlern über diese Probleme, so zeigt sich: sie glauben tatsächlich, daß das so ist – daß dies *der* Weg ist, die Wirklichkeit zu erfassen und sie wissenschaftlich akkurat zu beschreiben. Daraus ergibt sich die Folgerung, daß man damit zur Wahrheit innerer und äußerer Faktoren und von allem kommt; es muß statistisch bewiesen werden und sich mit dem Konzept der Wahrscheinlichkeit dekken.

Das ist meine große Kritik an Rhine von der Duke University. Sogar er war naiv genug zu glauben, daß er, wenn er der wissenschaftlichen Welt parapsychologische Phänomene verkaufen wollte, sie statistisch oder mit dem Konzept der Wahrscheinlichkeit beweisen mußte, und damit landete er auf feindlichem Territorium. Er hätte auf seinem eigenen Gebiet bleiben sollen. Er versucht mit genau den Mitteln, die den Einzelfall eliminieren, etwas zu beweisen, was nur für den Einzelfall gilt. Darum glaube ich nicht an diese ganze Untersuchung[1]. Rhine's Gruppe ist vom Zeitgeist Amerikas verführt worden, und weil er anderen Wissenschaftlern beweisen wollte, daß die Parapsychologie wirklich Wissenschaft ist, benutzte er ein Werkzeug, das für diesen Zweck absolut ungeeignet und unangemessen ist. Das ist mein persönlicher Standpunkt.

Lassen Sie uns nun zuerst fragen, warum der westliche Geist von dieser Manie, an große Zahlen zu glauben, so besessen ist. Immerhin sind diejenigen, die daran glauben, zumeist die hochentwickeltsten und intelligentesten Leute in unserer Zivilisation. Sie sind keine Dummköpfe. Warum glauben sie also daran? Wenn jemand in einer Art heiliger Überzeugung an etwas glaubt, das sich, nachdem er aufgewacht ist, als sehr partieller und teilweise fehlerhafter Standpunkt herausstellt, dann besteht immer psychologisch der Verdacht, daß er unter dem heimlichen Einfluß eines Archetyps stand. Das ist es, was die Leute dazu bringt, Dinge zu glauben, die nicht wahr sind.

Wenn man die Geschichte der Wissenschaft betrachtet, sieht man, daß alle wissenschaftlichen Irrtümer oder was wir heute Irrtümer nennen, daher kamen, daß die Menschen in der Vergangenheit von einer archetypischen Idee fasziniert waren, die sie davon abhielt, die Tatsachen näher anzuschauen. Das archetypische Konzept befriedigte sie, es gab ihnen das subjektive Gefühl vom »Das ist es!«, und deshalb verzichteten sie darauf, nach weiteren Erklärungen zu suchen. Nur wenn ein Wissenschaftler auftauchte und sagte: »Ich bin nicht so sicher, ob das stimmt«, und neue Tatsachen anführte, wachten sie auf und fragten sich: »Warum in aller Welt haben wir bis jetzt etwas anderes geglaubt, nun scheint es falsch zu sein!« Im allgemeinen sieht man dann, daß man unter einem Bann stand, dem emotionalen, faszinierenden Bann einer archetypischen Idee.

[1] Vgl. J. B. Rhine: The Reach of the Mind. New York: William Sloan Ass., 1947.

Wir müssen uns nun fragen, welche archetypische Idee hinter dem Bann steht, der die Geister moderner Wissenschaftler heute ergriffen hat. Wer ist vom mythologischen Blickwinkel aus gesehen der Herr der großen Zahlen? Wenn man die Religionsgeschichte und die vergleichende Mythologie studiert, waren Götter oder eine Gottheit die einzigen Wesen, die mit großen Zahlen umgehen konnten. Sogar noch im Alten Testament zählt Gott die Haare auf unserem Kopf. Wir können das nicht, aber Er kann es. Überdies weigerten sich die Juden, gezählt zu werden, weil nur Gott die Zahl seines Volkes wissen durfte; es war ein Sakrileg, die Bevölkerung zu zählen – nur die Gottheit konnte zählen.

Die meisten primitiven Gemeinschaften, die noch im ursprünglichen Zustand als Sammler und Jäger leben, z. B. die australischen Ureinwohner, haben ein aus zwei Einheiten bestehendes System. Sie zählen bis zwei und dann weiter in Paaren. Sie haben kein Wort über die Zwei hinaus, sie zählen eins, zwei – zwei, eins, zwei – zwei, zwei, eins, eins, zwei usw. In den meisten primitiven Kulturen können die Menschen entweder bis 2 oder 3 oder 4 zählen. Es gibt verschiedene Typen, und nach einer gewissen Zahl sagen sie einfach »viele«, und wo »viele« beginnt, fängt das Irrationale oder die Gottheit an.

Hieran sieht man, wie der Mensch durch das Zählenlernen jenem all-zählenden Gott ein kleines Stück Territorium wegnahm, ein kleines Stück nur, die Eins und die Zwei, damit kann er umgehen – der Rest gehört noch dem all-zählenden Gott. Indem er bis 3, dann 4 und dann 5 zählt, gewinnt er langsam an Territorium, aber immer kommt der Moment, wo er »viele« sagt, und da gibt er das Zählen auf; da zählt »der andere«, nämlich das Unbewußte (oder der Archetyp, oder die Gottheit), der unendlich zählen und auch jeden Computer über-zählen kann. Darin besteht die Faszination.

2 Die Wahrscheinlichkeitsrechnung und ihre archetypischen Hintergründe

Im ersten Kapitel habe ich eine kurze Skizze von der Grundlage der Wahrscheinlichkeitsrechnung und ihres Gebrauchs in der modernen Physik und anderen Gebieten der modernen Naturwissenschaft zu geben versucht. Ich wollte zeigen, daß die Wahrscheinlichkeitsrechnung und die statistischen Methoden der modernen Naturwissenschaft lediglich Abstraktionen sind, die sich auf die Vorstellung der unendlichen Reihe natürlicher ganzer Zahlen gründen, und daß sie nur dann an Genauigkeit gewinnen, wenn man eine unendliche Zahl von Ereignissen oder Beispielen annimmt.

Jung belegte das immer damit, daß er sagte, wenn man einen Haufen Steine ansieht, kann man mit absoluter statistischer Genauigkeit ihre Durchschnittsgröße von – sagen wir – drei Kubikzentimetern angeben; wollte man aber nur einen Stein von genau dieser Größe herausgreifen, hätte man große Mühe – es könnte sein, daß man einen findet, aber vielleicht auch nicht. Mit anderen Worten, die statistische Wahrheit ist eine Abstraktion unseres Verstandes, auch wenn die Feststellung, daß die Durchschnittsgröße der Steine im Haufen drei Kubikzentimeter beträgt, wahr ist. Wir machen diese Abstraktion mit unserem Verstand, und sie ist genau, sofern sie »wahr« ist, aber die Realität des Steinhaufens, in dem jeder Stein verschieden ist, ist etwas anderes. Wenn man den Leuten mit einer gewissen Überzeugung sagt, der durchschnittliche Mensch oder der durchschnittliche Amerikaner sei so und so, dann glauben sie es meistens; sie glauben es, als wären die wirklichen Amerikaner tatsächlich so. Sie unterliegen diesem Irrtum, obwohl sie doch auch wissen müßten, daß es eine verstandesmäßige Abstraktion ist, denn die tatsächliche Anhäufung von Menschen ist eine Anhäufung von Einzelfällen.

Diese Abstraktion hat sich als sehr hilfreich erwiesen, was einer der Gründe dafür ist, daß die Leute daran glauben, jedoch nicht die ganze Begründung, denn wenn man mit Naturwissenschaftlern darüber diskutiert, wischen sie die Tatsache beiseite, daß die wirklichen Steine von unterschiedlicher Größe sind, sie wollen davon nichts hören. Die ehrlichen unter ihnen sagen: »Das interessiert die Wissenschaft nicht«, der individuelle Einzelfall geht die Wissenschaft nichts an, weil es kein mathematisches Mittel gibt, um an ihn heranzukommen. Die meisten Leute glauben mit einer Art gefühlsmäßigen Überzeugung, daß die statistische Wahrheit *die* Wahrheit ist. In Diskussionen geben sie deshalb immer zur Antwort: »Es ist statistisch erwiesen, und das genügt«, und damit ist die Diskussion zu Ende.

Wenn nun die Leute etwas glauben, das offensichtlich einseitig ist – eine einseitige Weltsicht, nämlich eine Abstraktion, an die wie an die Wahrheit des Evangeliums geglaubt wird –, dann muß man als Psychologe immer nach dem Warum fragen. Was verursacht diese Emotion, warum kann man mit den Leuten nicht darüber reden, warum können sie eine so offensichtliche Wahrheit nicht sehen? Warum werden sie entweder emotional, wie ich es gerade bei dem Steinhaufen gezeigt habe, der natürlich aus einzelnen Steinen besteht, und sagen, daß der einzelne Stein nicht existiert, oder sie sagen, er existiere zwar, dies habe aber nichts mit Wissenschaft zu tun?

Zuerst war ich über solche Wissenschaftler einfach irritiert, aber dann erinnerte ich mich daran, daß ich ja Psychologin bin und also besser daran täte, zu sehen, warum sie so emotional an die Idee gebunden sind, daß die Wahrscheinlichkeitsrechnung oder die Statistik *die* Wahrheit sind und es keine andere gibt. Wenn man zum Ursprung zurückgeht, sieht man, daß hinter diesem Glauben die Wirkung eines Archetyps steht. Wenn die Leute nicht auf eine objektive und einigermaßen wahrhaftige Art über etwas diskutieren können, dann deshalb, weil sie von einem Archetyp beeinflußt werden. Ich fragte mich deshalb, was das archetypische Bild hinter der Vorstellung von einer unendlichen Reihe natürlicher ganzer Zahlen (1, 2, 3, 4 usw.) ist. Warum wird die Wahrscheinlichkeitsrechnung mit dieser Größe N betrieben, oder vielmehr mit dieser Quantität, als ob sie das Ganze wäre? Da findet man, daß die Menschheit langsam zählen gelernt hat. Die meisten primitiven Völker, wie etwa die australischen Ureinwohner, können mit Worten nur bis zwei zählen, danach wiederholen sie und zählen paarweise. Sie haben ein aus zwei Einheiten bestehendes System. Andere primitive Völker zählen bis drei oder fünf und sagen danach »viele«, oder sie beginnen zu wiederholen.

Das Zählen entstand wahrscheinlich zuerst mit dem Gebrauch von Rechenhilfen, entweder Kieselsteinen oder Stöcken. Wenn man nicht alle Gegenstände zählen konnte, benutzte man stets die Zählsteine, um damit eine eins-zu-eins-Beziehung herzustellen. Die Steinchen sind für das menschliche Bewußtsein ein Weg, um sich der Zahlen zu bemächtigen; so können einige Leute bis 3 und einige bis 4 zählen, wonach sie im allgemeinen »viele« sagen oder die Achseln zucken; dann kommt also das Konzept der Gruppe, der Klasse natürlicher Zahlen, in der man das einzelne Individuum nicht wahrnehmen kann. Auf diese Weise haben sie alle dieses Konzept einer unendlichen Reihe von natürlichen Zahlen allgemein mit dem Wort »viele« erfaßt, aber wer handhabt denn nun das Viele?

Unendliche Zahlenreihe:
1, 2, 3 ... viele ... N (die Gottheit)
N – die Gruppe oder Klasse natürlicher Zahlen

Heutzutage können wir damit umgehen, wir können das Viele handhaben, als wäre es eine Größe, etwas, das man in der Mathematik benutzen kann. Der Primitive nimmt an, daß nur ein Gott oder eine Gottheit unendlich weiter zählen kann. Ihr eignet sozusagen die Bewußtheit – die herabgesetzte Bewußtheit – der Zahl N, während dies für die moderne Menschheit undenkbar wäre.

Der Mensch eignet sich 3 oder 20 oder soweit er zählen kann an, und dann kommt der Archetyp von N, und der ist in der Hand einer Gottheit. Es gibt verschiedene Götter, die in dieser Art zählen können. Im Neuen Testament heißt es, daß Gott die Haare auf unserem Kopf gezählt hat (Lukas 12,7); aber es gibt auch negative Gottheiten, die zählen können, nicht nur der erhabene Gott des Neuen Testaments. Zum Beispiel hat der westafrikanische Stamm der Yoruba das folgende Gebet:

Tod: zählend, zählend, unablässig zählend, er zählt mich nicht;
Feuer: zählend, zählend, unablässig zählend, es zählt mich nicht;
Leere: zählend, zählend, unablässig zählend, zählt mich nicht;
Reichtum: zählend, zählend, unablässig zählend, zählt mich nicht;
Tag: zählend, zählend, unablässig zählend, er zählt mich nicht;
das Spinnennetz umgibt den Kornbehälter.

(Ich habe das »unablässig zählend« nicht so oft wiederholt, wie sie es tun.) »Das Spinnennetz umgibt den Kornbehälter« ist ein sehr geheimnisvoller Satz. Der Ethnologe, aus dessen Bericht ich dieses Gebet zitiere, sagt, er sei nicht ganz geklärt, und es gäbe folgende Variation des letzten Satzes: »Ruß ist um den Kornbehälter.« Er meint, es könnte sein, daß die Yoruba Ruß um den Kornbehälter herum legen, um ihn vor Diebstahl zu bewahren oder Spuren zu haben, falls er gestohlen würde, so daß ein Ring aus Ruß ein Schutz für den Behälter wäre. Das Spinnennetz ist wahrscheinlich etwas ähnliches, denn wenn es nicht zerrissen ist, dann hat niemand den Behälter berührt. Aber natürlich würden wir auch daran denken, daß das Spinnennetz ein schönes geordnetes Mandala ist; es würde also bedeuten, daß es eine geheime Ordnung gibt, die den eigenen Besitz schützt.

Für mich ist an diesem Gebet wichtig, daß es Tod, Feuer, Leere, Reichtum und Tag anredet – fünf archetypische Mächte, die zählen können. Die Nebenbedeutungen sind offenkundig. Der Tod zählt immer, und es ist ein großes Unglück, wenn er unsere Nummer zieht, denn dann hat er uns. Er nimmt unaufhörlich Leute von der Menschheit weg und tut es offensichtlich bewußt, indem er weiß, welche Person jetzt ihr Leben zu lassen hat. Das Feuer verzehrt, breitet sich aus und verbrennt unaufhörlich; es braucht immer mehr Brennmaterial, also verbraucht es wie der Tod immer mehr. Die Leere ist ebenfalls eine archetypische

Macht; in allen primitiven und antiken Schöpfungsmythen steht am Anfang der Welt entweder eine Gottheit oder die Leere – das Nichts sozusagen, und das Nichts könnte man eine schöpferische Potenz nennen, es ist das »noch nicht Seiende« – dies ist auch ein Bild für das Unbewußte, es kann ebenfalls zählen. Reichtum zählt, das ist klar, jeder weiß, daß reiche Leute ihr Geld zählen, jedenfalls sehen die Habgierigen es so, und nicht ganz zu Unrecht. Und der Tag, das Prinzip des Bewußtseins bzw. der Zeitabschnitt des Bewußtseins, kann ebenfalls zählen.

Alle diese Dinge – Tod, Feuer, Leere, Reichtum und Tag – sind Bilder dessen, was wir psychische Energie als Quelle des Bewußtseins nennen. Feuer und Reichtum sind offensichtlich Symbole für psychische Energie. Dann denkt man auch an die alten Darstellungen der Todesgottheit, z. B. in der griechisch-römischen Religion, wo der Tod Jupiter oder der Zeus der Unterwelt ist, der Gott der Unendlichkeit und der Schatzmeister. Das Totenreich ist wie ein Schatz und der Totengott wie der Wächter eines unermeßlichen Schatzes, aus dem er das Leben wieder erzeugt und in den er die Sterbenden zurückholt. Er ist deshalb auch der Schatzmeister der Lebensenergie und bringt sie mittels der Zahlen bzw. durchs Zählen hervor und nimmt sie weder weg. Der Tag ist natürlich symbolisch zu verstehen, er ist identisch mit der Zeit der bewußten Wahrnehmung der Welt – im Gegensatz zur Nacht, der Zeit des Unbewußten.

Die Yoruba fürchten diesen Gott des Bewußtseins im Unbewußten, sie schreiben ihm die dämonische Fähigkeit des Zählens zu. Es ist ihr Wunsch, nicht gezählt zu werden, in die Nacht des Lebens zu fliehen, um den alles sehenden Augen der Gottheit zu entkommen, die das Unglück austeilt.

Wenn wir versuchen, dieses archetypische Bild zu deuten, können wir sagen, daß das Bild der Gottheit oder eines großen Gottes – es sind in unserer Sprache alles Bilder des Selbst – einen zahlenmäßig geordneten Rhythmus beinhaltet, als ob das Selbst eine Uhr wäre, die rhythmisch tickt: eins, zwei, drei Tod, und eins, zwei, drei – und dann trifft es einen oder auch nicht. In seinem positiven Aspekt bringt es Leben und Zeit hervor, und in seinem negativen Aspekt ist es allesverzehrendes Feuer und Tod. Man hat die Vorstellung, daß der Tod die zählende, göttliche Macht ist. Im Englischen gibt es den Ausdruck »his number was up«. Wenn jemand stirbt, und zwar nicht vorzeitig, und man das Gefühl ausdrücken will, daß die Person im Einklang mit dem Schicksal gestorben ist, dann sagt man: »His number was up«, als Trost, daß er nicht vor seiner Zeit durch einen Unfall starb.

In religiöser Sprache könnte man sagen, daß Gott beschlossen hatte, diese Person jetzt zu töten, und nichts hätte geholfen, nicht einmal die Ärzte hätten helfen können, weil das Schicksal oder Gott diesen Tod bestimmten – Gott hält eine Zahl hoch, und die aufgerufene Person muß gehen. Hier besteht also eine Identität zwischen einer individuellen Zahl und einem Menschen; in diesem Sinne sind Zahlen Individuen. Ein anderer englischer Ausdruck sagt ebenfalls, daß eine Zahl wie ein Individuum ist: wenn man jemanden nicht versteht, sagt man »I don't have his number«, was bedeutet, daß man nicht die Frequenz oder den Rhythmus oder was auch immer hat, um mit der betreffenden Person in Fühlung zu kommen. Auch hier hat das Individuum eine Frequenz oder Zahl, und um mit ihm in Kontakt zu treten, müssen wir die richtige Nummer haben.

Wenn also heute der Mensch glaubt, er könne eine unendliche Zahlenreihe handhaben, ist das eine Inflation, eine Identifikation mit dem Archetyp des Selbst oder der Gottheit. Das war die verhängnisvolle Tat eines Mannes namens George Cantor, der als erster entdeckte, daß es verschiedene unendliche Größen oder Blöcke von Zahlen gibt, die man addieren und subtrahieren kann, und verschiedene »unendliche Mengen von verschiedener Mächtigkeit«, die man gleichzeitig oder einzeln zählen kann. Einige sind mehr, andere weniger mächtig, aber das Fatale ist, daß Cantor so die Illusion eingeführt hat, man hätte solche Mengen sozusagen in der Hand, wenn man sie zählt und mathematisch handhabt. Wir machen denselben fatalen Fehler, wenn wir meinen, eine statistische Wahrheit sei *die* Wahrheit, denn in Wirklichkeit haben wir es mit einem abstrakten Konzept zu tun und nicht mit der Realität als solcher; und in diese Meinung schleicht sich dann die Identifikation mit der Gottheit hinein. Bei den Navaho-Indianern gibt es einen Mythos, der verdeutlicht, was hier geschieht, und zwar in Form eines Spiels, weshalb ich zunächst noch auf etwas anderes zurückkommen muß. Wir wollen im Gedächtnis behalten, daß es sich, wie ich zeigen will, um eine Inflation handelt. Zuerst möchte ich jedoch einen anderen Aspekt besprechen.

Die Wahrscheinlichkeitsrechnung wurde von zwei großen Männern erfunden: dem französischen Mathematiker und Philosophen Blaise Pascal und einem anderen Franzosen, der vielleicht der größte Mathematiker aller Zeiten war, Pierre de Fermat. Ein Spieler schrieb an Pascal und fragte ihn nach einem System für das Spielen. Auch heute noch ist dies sehr wichtig, besonders in Italien, wo die »sistematici« eine große Rolle in der Staatslotterie spielen. Wenn begabte Mathematiker z. B. nach Monte Carlo gehen, haben sie natürlich meistens ein System, und so bat dieser Spieler Pascal darum, eines ausfindig zu machen, mit dem er gewinnen würde. Pascal gewann ein mathematisches Interesse daran und begann mit Fermat einen Briefwechsel darüber. Man kann nicht genau sagen, wer die Idee als erster hatte, aber im Hin und Her ihrer Korrespondenz entdeckten sie die Wahrscheinlichkeitsrechnung. So ist also die geschichtliche Wurzel der Wahrscheinlichkeit das Spielen. Zuvor habe ich schon erwähnt, daß Physiker oder Mathematiker, wenn sie die Wahrscheinlichkeitsrechnung oder die Grundlagen der Statistik auf allgemein verständliche Art erklären wollen, immer auf die Idee des Spielens kommen. Das legt den Gedanken nahe, daß die archetypische Wurzel dieses Kalküls der Archetyp des Spielens und des Spielers ist. Und nun zur Erzählung der Navahos:

Die Navahos bauten einst einem ihrer bedeutenden Häuptlinge ein Haus, in dem er verborgen lebte, denn er besaß alle Perlen des Stammes. Der Sonnengott wurde auf seinen »großen Türkis« eifersüchtig, obwohl er selber den »vollendeten Türkis« besaß. So zeugte er geheim mit einer Frau, der »Felsenfrau«, einen Sohn und erzog diesen zu einem so vollendeten Spieler, daß er in allen Glücksspielen immer gewann. Dann ließ er ihn dem Häuptling alle seine Schätze im Spiel abnehmen, auch den »großen Türkis«, den der Sonnengott begehrte. Als der Spieler ihn aber hatte, weigerte er sich, ihn dem Sonnengott weiter zu geben. Da wurde letzterer zornig und erschuf einen zweiten Spieler, der genau wie der erste aussah, er lehrte ihn spielen und mit Hilfe zahlreicher Tiere so gut zu betrügen, daß der den ersten Spieler besiegte und ihm allen Gewinn abnahm. Darauf zog sich der erste Spieler ins himmlische Jenseits zurück. Der zweite Spieler aber opferte den großen Türkis, den er gewonnen hatte, dem Sonnengott, der ihm dafür zu einem neuen Land verhalf. (von Franz, Zahl und Zeit, S. 194)

In der nordamerikanischen indianischen Mythologie und in der der Mayas spielen die hilfreichen Tiere eine große Rolle; sie mischen sich ein und helfen den Leuten, die im Recht sind. Im berühmten »Buch des Rates«, dem Popul-Vuh der Quiché-Mayas, müssen die Helden die Götter der Unterwelt bekämpfen, die ihre Väter getötet haben; sie spielen ein Korbball-ähnliches Spiel, das sie nicht gewinnen können, weil die Götter der Unterwelt stärker sind. Aber in einem bestimmten Augenblick rennt ein kleines Kaninchen ins Ziel, als ob es der Ball wäre, und die Leute verwechseln es mit dem Ball, und jeder glaubt, die Helden und nicht die Götter der Unterwelt hätten gewonnen. Sie gewannen mit Hilfe des Kaninchens, das betrogen hatte, und so konnten sie die Unterweltsgötter enthaupten und ihre Väter rächen.

In der Navaho-Erzählung geschieht dasselbe: Der zweite Spieler fordert den ersten heraus und gewinnt mit Hilfe der Tiere – wie, wird nicht näher gesagt – vom ersten Spieler alles zurück. Dann übergibt er den großen Türkis seinem Vater, dem Sonnengott, der ihn mit großer Macht und Landbesitz belohnt.

Wenn wir diesen Mythos psychologisch deuten, wäre der Sonnengott eine Parallele zu Tag, Tod, Feuer und Leere im Yoruba-Gebet; er ist der Gott des Bewußtseinsprinzips im Unbewußten. Oder man könnte ihn auch das Licht der Natur, das *lumen naturae,* nennen, und deshalb kann er unendlich zählen und weiß in seinem Bewußtsein alles über das Spielen. Da erschafft er das menschliche Bewußtsein, den ersten Spieler, und lehrt ihn seine Tricks. Aber der erste Spieler fällt in eine Inflation, und nachdem er vom Sonnengott die Tricks gelernt hat, gibt er ihm nicht als Opfer oder Lohn für seine Unterweisung zurück, was der Gott verlangt. Er ist ein inflationierter Held und deshalb zum Scheitern verdammt, denn nun erschafft der Sonnengott einen zweiten Spieler, der menschlich, bescheiden und ehrlich genug ist, dem Gott den großen Türkis zurückzugeben, wohl wissend, daß er nur dadurch gewinnen konnte, weil er die Tricks vom Sonnengott gelernt und die Tiere ihm halfen, was hier der entscheidende Faktor ist. Wir würden sagen, er blieb seinen Instinkten treu und wurde nicht inflationiert.

In eine Inflation zu fallen bedeutet Verrat an den eigenen Instinkten. Der Instinkt schützt uns – wir besitzen einen instinktiven Schutz gegen die Inflation. Wir sind alle schon oft inflationiert gewesen und wissen, daß man sich dann ungemütlich fühlt. Bevor wir die Treppe hinunterfallen, haben wir das Gefühl, daß wir heute hinunterfallen werden, weil wir irgendwie eine Art schlechtes Gewissen oder Unbehagen verspüren, wir wissen nicht, weshalb, und Bums! – kommt die Strafe für die Inflation: man läuft in ein Auto oder etwas Ähnliches.

Wir können deshalb sagen, daß heute die Leute die Wahrscheinlichkeitsrechnung und Statistik nicht vernünftigerweise als nützliches und zweckdienliches Werkzeug des menschlichen Geistes einschätzen, sondern insgeheim glauben, daß wir die Natur meistern und *die* Wahrheit von allem finden können, in eine solche Inflation gefallen sind, in die geheime Identifikation mit dem Sonnengott. Sie werden dafür mit der Inflation bestraft. Und was noch schlimmer ist: Inflation bedeutet immer eine Sterilisation des Geistes, denn wenn man inflationiert ist, wird man dumm und unfruchtbar zugleich, und das ist in hohem Maße die Situation der modernen Naturwissenschaft. Ich will nicht sagen, daß alle so sind. Es gibt viele hervorragende Naturwissenschaftler, mit denen man über diese Dinge diskutieren kann, und die sich vollkommen dessen bewußt sind, daß wir durch Statistik und Wahrscheinlichkeitsrechnung nur ein abstraktes Modell der Natur in unserem Geist rekonstruieren können, und daß es sich nicht mit der gesamten Wirklichkeit deckt, d. h. also daß wir nur nützliche Teilerkenntnisse haben und es noch eine unendliche Zahl von Geheimnissen und unendlich viele andere Möglichkeiten gibt, die Realität zu erforschen.

Durch George Cantor hat eine Inflation das Feld der Mathematik betreten, was daran zu sehen ist, wie die Mathematiker heute mit der Größe N, der unendlichen Menge der Zahlen umgehen. Diese Handhabung einer möglichen Unendlichkeit, als wäre sie eine Einheit, und der einzelnen natürlichen Zahl als etwas anderem ist eine Spaltung im modernen mathematischen Denken, und dieselbe Spaltung besteht zwischen dem wissenschaftlichen Experiment und dem Orakel bzw. dem Wahrsagen.

Nun möchte ich kurz beschreiben, was ich unter einem Wahrsage-Orakel verstehe. Im Moment meine ich damit menschliche Handlungen, die sich eines Zahlenorakels bedienen, danach werde ich meine Definition auf andere ausdehnen.

Eine Zahl wird durch irgendeine willkürliche Geste hervorgebracht, z. B. indem man die Hand in eine Schüssel voller Kieselsteine steckt, einige herausnimmt und sie dann zählt; oder indem man eine Anzahl Hühnerknochen nimmt, zwei Abteilungen in den Sand zeichnet und dann aufs Geratewohl die Knochen wirft und nachher zählt, wieviele in das rote Feld und wieviele ins weiße Feld gefallen sind, oder etwas Ähnliches. Oder man nimmt vielleicht das I Ging und wirft Münzen, die Kopf oder Zahl fallen, und kalkuliert damit bzw. man verwendet Schafgarbenstengel, um eine Information über die innere und äußere psychische Situation zu erhalten.

Dies ist ein uralter erster Schritt der Menschheit, das zu schaffen, was man ein System zur Erforschung der Wirklichkeit nennen könnte. Wahrscheinlich verließ sich der primitive Mensch zuerst nur auf seine Träume und unbewußten instinktiven Hinweise, bevor er das Orakel erfand.

Es gibt z. B. einen nordamerikanischen Indianerstamm, die Naskapi-Indianer, die an der Grenze in der Nähe der alaskischen Eskimos leben. Es sind nur noch etwa 100 oder 200 Menschen übrig, weil sie rapide verhungern. Sie leben hauptsächlich von Karibu-Fleisch. Anthropologischen Theorien gemäß, mit denen ich übereinstimme, spiegeln sie einen ganz ursprünglichen Zustand der Menschheit wider. In zahlreichen, kleinen, verstreuten Gruppen, gewöhnlich Familiengruppen von 15 bis 20 Personen, wandern sie umher, wobei die Männer jagen und die Frauen Beeren sammeln. Sie haben keinen Ackerbau und keine Zivilisation und leben noch völlig das ursprüngliche Jäger-Sammler-Dasein. Einmal im Jahr trifft sich der ganze Stamm an einem bestimmten Ort, um Felle zu verkaufen und von den Weißen Munition zu erhalten. Sonst kommen sie nie zusammen, haben keine organisierte Religion, keine Feste, keine Priester. Da die Religion eine natürliche, instinktive Erscheinung ist, haben sie selbstverständlich auch eine, wenn auch nicht organisiert, und für ihre spirituelle Orientierung halten sie sich an ihre Träume.

Ihrer Ansicht nach wohnt im Herzen eines jeden Menschen Mistap'eo, der Große Mensch (oder Mann), der die Träume sendet. Er schickt die Träume und will, daß die Person auf diese Träume hört, sie prüft, ausprobiert und Schlüsse daraus zieht. Sie sagen, daß Mistap'eo es auch gern hat, wenn man die Traummotive zeichnet oder malt, deshalb ritzen sie sie ins Holz oder verfertigen kleine Borkenschalen mit Traummotiven und verschaffen sich auf diese Weise eine geistige Orientierung. Manchmal diskutieren sie ihre Träume auch untereinander, und wenn ein Mann oder eine Frau einen sehr eindrücklichen Traum hatte, wandeln sie ihn spontan in ein Lied um. Wenn einer ein sehr schönes Traumlied hat, fangen die anderen auch an, es zu singen, aber auch solche Lieder verblassen mit der Zeit, und dann kommt ein neues Lied von einer anderen Person, die ihren Traum in ein Lied umgeformt hat. Solche Lieder sind ganz primitiv. Ich kann hier ein Beispiel anführen:

Ein Mann träumte einmal, daß seine Frau mit einem Fremden schläft. Wie die Eskimos haben die Naskapi den Brauch, daß sie, wenn ein Fremder kommt, ihm für die erste Nacht ihre Frauen anbieten; es ist eine Variation des ius primae noctis. Psychologisch gesehen ist der Fremde ein gefährlicher Eindringling, etwas, vor dem sich die Primitiven immer fürchten. Was wird er bringen? Wird er unser Leben stören? Ihre Furcht wird noch dadurch verstärkt, daß Weiße oder andere Fremde oft eine neue Krankheit bringen. Vor nicht langer Zeit hatten diese Menschen eine schreckliche Grippewelle; einer hat sie bei den Weißen aufgelesen und die andern angesteckt, und da sie gegen die Grippe nicht immun waren, starb der halbe Stamm. Das ist vielen Eskimo-Stämmen passiert. Deshalb ist nach ihrer Erfahrung ein Fremder eine physiologische und psychologische Bedrohung, der sie zu begegnen versuchen, indem sie ihre Frauen anbieten. Das gibt das Gefühl, als gehöre der Fremde zur Familie und könne keinen Schaden anrichten, er ist nun gnädig gestimmt.

So träumte also ein Naskapi, daß seine Frau mit einem Fremden schläft. Als er aufwachte, dachte er darüber nach und sagte: »Ha, heute werde ich ein Karibu erlegen!« Der Ethnologe Frank Speck, der diese Geschichte erzählt, sagt leider nicht, wie der Mann zu diesem Schluß kam. Er bedrängte ihn nicht und fragte ihn nicht aus, aber wenn man primitiv genug ist, sieht man sofort, wie der Mann aus dem Traum folgerte: nämlich daß etwas Neues in sein Leben eindringt und seine Frau damit schläft; also muß es etwas Positives sein und nichts Gefährliches – also würde an diesem Tag etwas Neues und Positives geschehen.

Da er fast am Verhungern war, mußte das einzig Positive, das geschehen konnte, das Erlegen eines Karibu sein, denn das bedeutet Überleben für die nächsten zwei Wochen. Diese Menschen leben von Woche zu Woche. Sie rechnen ständig mit dem Tod und leben von jedem Bären und jedem Karibu, die sie töten. So schlimm ist die Lage, und darum: »Ich werde ein Karibu erlegen!« Er schoß tatsächlich eins und machte ein Lied daraus: »Meine Frau schläft mit einem Fremden, und ich werde ein Karibu erlegen.« Dies ist ein magisches Lied, das von vielen anderen Leuten des Stammes lange Zeit nachgeahmt wurde, um die Situation vom Erlegen eines Karibu herbeizuführen, während es ursprünglich einfach ein psychisches Ereignis war, der Traum eines Naskapi-Indianers.

Wahrscheinlich orientierte sich der Mensch auf diese Weise, bevor er das Orakel erfand, denn das Erfinden von Orakeln würde einen weiteren Fortschritt bedeuten und ist der Beginn der

Wissenschaft, da es die Frage stellt, wie diese Wahrscheinlichkeit in irgendeiner Form systematisiert werden könnte. Wenn ich träume, daß meine Frau mit einem Fremden schläft, dann besteht die Wahrscheinlichkeit, daß ich ein Karibu erlege! So hat es der Stamm verstanden. Wenn die Leute sich nun kulturell weiterentwickeln, was sie aber nicht tun – obwohl wir annehmen müssen, daß dies zu irgendeiner Zeit irgendwo auf der Welt geschehen ist –, dann würden sie vielleicht versuchen, ein Karibu zu formen und das Lied zu singen in der Hoffnung, daß sich daraus magisch das Erlegen eines Karibu ergibt. Das ist Jagdzauber; es ist noch nicht der Gebrauch eines Orakels, aber diese Menschen wissen, daß Jagdzauber manchmal wirkt und manchmal nicht.

Menschen, die auf der Stufe des magischen Weltbildes leben, glauben nicht, daß Magie ein absolutes Gesetz ist; sie werden sagen, sie führen ihr Jagdritual durch oder den Jagdzauber oder sonstigen Zauber wegen der Hoffnung und der Wahrscheinlichkeit, daß das wirkt, aber obgleich es eine starke Wahrscheinlichkeit für den Erfolg gibt, könnte es auch wirkungslos sein, und sie würden das damit erklären, daß sich böse Mächte eingemischt haben. Wenn es nicht wirkt, hat eben ein böser Zauberer negative Magie benutzt und den Prozeß gestört, oder sie nehmen es auf sich und sagen, sie hätten das magische Ritual nicht ganz mit der richtigen psychologischen Haltung ausgeführt, und dann wirkt es manchmal nicht. Sie rechnen also mit Fehlschlägen: es ist nur eine Wahrscheinlichkeit, nicht ein absolutes Naturgesetz.

Wir wollen daher annehmen, daß sie ein Karibu aus Holz schnitzen und irgendeine Magie damit durchführen, indem sie das Lied singen, wonach sie manchmal ein Karibu erlegen, manchmal nicht. Für den forschenden menschlichen Geist kommt dann als nächster Schritt: könnten wir ein Mittel finden, wodurch wir im voraus wissen, ob es wirkt oder nicht?

Hier müssen wir nun das Konzept des Zufalls einführen; es ist bis zu einem gewissen Grade eine Frage des Zufalls oder des Glücks, was für den Primitiven soviel wie die Tat eines Gottes oder Zauberers oder der eigenen psychischen Macht bedeutet – sie haben manchmal wirklich Fehlschläge und können das nicht im voraus wissen. Man könnte z. B. – ich mache nun einen Sprung – eine Münze werfen, und wenn die Münze verkehrt fällt, dann liege ich falsch, oder die Götter wollen nicht helfen, und sogar wenn ich jetzt mein Jagdritual gebrauche, wird es nichts nützen. Das ist eine Abkürzung, die mich vor weiterer Bemühung mit Malen oder Tanzen bewahrt; ich weiß im voraus, daß die Partie gegen mich ist, ich kann meine Kräfte sparen und versuchen, mein Pech auf andere Art zu umgehen. Das wäre die erste blasse Dämmerung eines wissenschaftlichen Geistes. Er besteht aus dem Zählen von Wahrscheinlichkeiten und im Gebrauch einiger mathematischer oder anderer Mittel, um Wahrscheinlichkeit aufzustellen und dadurch Energie zu sparen und die dunkle Lage, in der sich der Mensch in der Natur befindet, ein bißchen mehr unter seine Kontrolle zu bringen. Dies ist vermutlich der Ursprung vieler Orakeltechniken, die es auf der ganzen Welt gibt.

Ich komme nun zum Unterschied zwischen einem Zahlenorakel und einer anderen Wahrsage-Technik. Es gibt unzählige Wahrsagetechniken, die meines Erachtens alle Methoden sind, um das eigene unbewußte Wissen zu katalysieren. Sie benutzen nicht die Zahl, sondern irgendein chaotisches Muster. Bei den Weißen werden immer noch Teeblätter und Kaffeesatz benutzt, aber man kann irgendein anderes, ähnliches Modell nehmen. Wie ich vorhin erwähnte, gibt es eine afrikanische Wahrsagetechnik, bei der nach dem Verzehr eines Hühnchens seine Knochen auf den Boden geworfen werden, und aus der Art ihres Fallens, ihres chaotischen Musters, kann dann gelesen werden, was geschehen wird.

Im Schweizer Kanton Uri gibt es ein Dorf, wo sich Kirche und Friedhof auf der anderen Seite eines kleinen Flusses befinden, so daß man bei einem Begräbnis den Sarg über die Brücke zum Friedhof und zur Kirche tragen muß. Ein trockener Lehmpfad führt zu der Brücke; bei gutem Wetter hat er Risse, und die Dorfleute schauen noch heute auf diese Risse, wenn sie dem Sarg folgen, und können aus ihnen ablesen, wer der nächste sein wird, indem sie das chaotische Muster der Risse im trockenen Lehm anschauen.

Vor vielen Jahren konsultierte ich einmal einen Handleser namens

Spier, ein Holländer, der ein berühmtes Buch über die Handlesekunst geschrieben hat. Er hatte einen enormen wissenschaftlichen Apparat und kannte alle verschiedenen Linien der Hand. Er sah sich nicht die Hand direkt an, sondern tat Ruß darauf, und dann mußte man einen Abdruck auf Papier davon machen, und aus diesem las er. Er war ein phantastisches Medium. Ich ließ ihn aber nicht meine Zukunft vorhersagen; ich dachte, daß meine Zukunft mir allein gehört und sie ihn nichts angeht, also beschränkte ich ihn darauf, mir nur meine Vergangenheit zu erzählen. Er erzählte sie höchst genau; er sah sogar eine Operation, die ich mit zwei Jahren gehabt hatte – er sprach nicht von irgendeinem Unfall, er sagte Operation. Er war wirklich großartig. Da begann er mich zu interessieren, ich trank Kaffee mit ihm und fragte ihn aus, wie er das machte. Schließlich gab er zu, daß er ein Medium ist, und wenn eine Person ins Zimmer kommt, um ihn zu konsultieren, weiß er schon alles über sie; er wußte es einfach, wußte aber nicht, *was* er wußte, und die ganze Übung mit den Rissen und den Handlinien diente dazu, das Wissen heraufzubringen, das er hatte. Auf diese Art konnte er sein unbewußtes Wissen in die Linien hineinprojizieren und seine Klienten informieren; sie waren also ein Katalysator, der ihm bewußt machte, was er schon wußte. Er schöpfte tatsächlich aus dem, was Jung das absolute Wissen des Unbewußten nannte, und das, wie wir an den Träumen sehen, existiert.

Das Unbewußte weiß die Zukunft; es kennt die Vergangenheit und Zukunft, es weiß etwas über andere Leute. Wir haben alle von Zeit zu Zeit Träume, die uns über etwas informieren, das einer anderen Person widerfährt. Die meisten Leute, die psychoanalytisch arbeiten, wissen, daß prognostische und telepathische Träume bei fast allen Leuten recht häufig auftreten, und dieses Wissen des Unbewußten nennt Jung das absolute Wissen. Ein Medium ist eine Person, die eine engere Beziehung dazu hat, man könnte sagen: eine Gabe, durch die sie sich auf das absolute Wissen des Unbewußten beziehen kann, gewöhnlich weil sie ein relativ niedriges Bewußtseinsniveau hat. Das erklärt, warum die Medien – nicht immer, aber oft – sehr seltsame und sogar in moralischer Hinsicht eigenartige Leute sind, manchmal leicht kriminell oder Trinker, usw. Im allgemeinen sind sie sehr gefährdete Persönlichkeiten, weil sie diese niedrige Schwelle haben und dem absoluten Wissen des Unbewußten so nahe sind.

Fast alle nicht mit Zahlen arbeitenden Wahrsage-Methoden basieren auf irgendeiner Art von chaotischem Muster, das wirklich genau wie der Rorschachtest funktioniert. Man starrt auf ein chaotisches Muster und hat dann eine Phantasie, die völlige Unordnung des Musters verwirrt den bewußten Geist. Wir könnten so alle ein Medium sein und alle das absolute Wissen haben, wenn das helle Licht unseres Ichbewußtseins es nicht verdunkeln würde. Darum braucht das Medium ein »abaissement du niveau mental« und muß in Trance fallen, einen schlafähnlichen Zustand, um das Wissen heraufzubringen. Bei mir selbst habe ich beobachtet, daß ich bei extremer Müdigkeit, wenn ich physisch wirklich gefährlich erschöpft bin, plötzlich das absolute Wissen habe; ich bin ihm dann viel näher, aber sobald ich ein paar Nächte gut geschlafen habe, ist diese wúnderbare Gabe wieder verschwunden. Warum? Das absolute Wissen ist wie Kerzenlicht, und wenn das elektrische Licht unseres Ichbewußtseins brennt, kann man das Kerzenlicht nicht sehen. Wenn man ein chaotisches Muster anschaut, wird man ganz fummelig, man kann es sich nicht zusammenreimen. Wenn man einen Augenblick lang eine Rorschach-Karte ansieht mit ihrer Anhäufung von Klecksen, wird dadurch die Funktion des bewußten Geistes ausgelöscht, und dann kommt eine unbewußte Phantasie hoch – »ach, das sieht aus wie ein Elefant«, oder ähnliches.

So kann man also durch das Anschauen eines chaotischen Musters Informationen aus dem Unbewußten bekommen. Nun ist der Wahrsager oder Zauberer gewöhnlich eine medial begabte Person, er benutzt Teeblätter oder Kaffeesatz oder blickt in einen Kristall, in dem verschiedene Lichter flackern; er hat zwar eine strukturelle Ordnung, aber die Lichteffekte sind chaotisch und bringen so ein chaotisches Muster hervor.

Primitive Gemeinschaften schauen sehr oft in eine Schale voll Wasser oder blicken wie die erwähnten Leute von Uri auf die

Risse in einem Lehmpfad oder auf irgendein anderes zufälliges Muster. Das löscht die bewußten Gedanken aus. Aus einem chaotischen Muster kann man nicht klug werden; man ist verwirrt, und dieser Moment der Verwirrung bringt die Intuition aus dem Unbewußten herauf. Genauso verfuhr auch der Handleser. Sein Geständnis, das ich ihm entlockte, machte mir klar, warum so viele Wahrsage-Methoden auf der ganzen Welt ein chaotisches oder halbgeordnetes Muster benutzen, um Informationen zu erhalten. In meinen Augen ist es eine primitive Wahrsage-Technik, die im Rorschach-Test wiederentdeckt wurde.

Es gibt noch viele andere Arten, mit dem Unbewußten in Kontakt zu treten. Von größtem Wert ist es z. B., einen Analysanden zum Malen von abstrakten oder zufälligen Bildern zu ermutigen. Zuerst macht er ein paar Kleckse wie im Rorschach-Test und denkt: »Das sieht aus wie ein Elefant«, und dann malt er einen Rüssel dazu. Wenn man einen Analysanden fragt, wie er seine Bilder malt, wird er meistens genau sagen können, wie er angefangen hat, mit einem Klecks vielleicht, der wie ein Kaninchen aussah, also machte er einen Schwanz daran und erfand dann das ganze Bild, und auf diese Weise entfaltete sich eine unbewußte Phantasie. Das ist die eine Quelle des Wahrsagens.

Eine andere ist das Hervorrufen von Tagträumen. Statt darauf zu warten, daß man in der Nacht träumt, kann man auch während des Tages einen Traum bekommen, indem man in einen Klecks oder ein chaotisches Muster hineinphantasiert. Vermutlich träumen wir die ganze Zeit, nicht nur nachts, sondern auch tagsüber, aber wegen der Helligkeit unseres bewußten Ich merken wir es nicht.

Diese Idee wird durch folgende Tatsache als wahrscheinlich erwiesen. Wenn man die Fehler beobachtet, die die Leute beim Sprechen oder Denken machen, kann man feststellen, daß sie eine Beziehung zu dem Traum haben, den sie in der Nacht davor oder danach haben. Wenn man etwa »Herr Müller« sagen will und aus reiner Idiotie »Herr Meier« sagt, wundert man sich, warum man einen so dummen Fehler macht – man weiß, Müller ist Müller, warum hat man Meier gesagt? Das ist ein Versprecher, und oft merkt man dann, daß man entweder in der vorigen Nacht oder folgenden Nacht von Meier träumt bzw. geträumt hat. Er war also schon da! Manchmal erwähnt man bei einem solchen Versprecher jemanden, an den man dreißig Jahre lang nicht gedacht hat, und prompt träumt man von dieser Person. Wahrscheinlich hat man von ihr schon am Tage geträumt, jedoch ohne sich dessen bewußt zu sein, und in dieser Panne, dem *lapsus linguae,* dringt es durch.

Freud beobachtete diese Tatsache und wies darauf hin, daß Fehler beim Sprechen mit Traummotiven verwandt sind. Man müßte sogar noch weiter gehen und sagen, daß beide dieselbe Information über einen Vorgang im Unbewußten geben. Es ist deshalb sehr wahrscheinlich, daß ein Traumprozeß am Tage weitergeht. Auf ein chaotisches Muster zu blicken ist, als lege man seinen Geist für eine Minute schlafen, um eine Information über das zu bekommen, worüber man im Unbewußten träumt oder phantasiert. Durch das absolute Wissen im Unbewußten erhält man dann Informationen über seine innere oder äußere Situation.

Warum sollte nun der Handleser Spier eine Information über meine Vergangenheit haben, die sozusagen mein Erinnerungsbesitz ist? Meine Vergangenheit gehört mir, und nur ich kenne sie – wie kann er etwas davon erfahren? Ich bemerkte, daß er mir außer der Wahrheit über meine Vergangenheit auch einiges über meinen Charakter erzählte. Er wies auf gewisse Dinge hin, und ich dachte: »Mein Lieber, du bist genau derselbe Typ!« Dann überprüfte ich das Ganze und ließ viele Handlesungen bei mir machen, auch viele Horoskope, möglichst von Leuten, die ich mehr oder weniger kannte, und ich fand heraus, daß sie alle wahr waren. Wenn ich sie las, konnte ich immer sagen: »Ja, das ist wahr, das ist eine richtige Diagnose.« Wenn man sie aber objektiv liest, so wird man sehen, daß sie höchst verschieden sind, und liest man sie mit mehr Verständnis, so sieht man, daß es für diese Person typisch ist, gerade das an mir zu bemerken, während es für eine andere Person typisch ist, etwas anderes zu beobachten. Die Information wird also durch die Persönlichkeit des Mediums oder Wahrsagers, des Astrologen oder Handlesers gefiltert; sie begeben sich in den Bereich der psychischen Konstellation eines anderen, die der ihren verwandt ist. Alles ist wahr, aber immer ist es nur ein Teil.

Das ist meine Erfahrung. Ich kann daraus keine Theorie machen, weil ich nicht genügend Vergleichsmaterial habe, aber es scheint mir richtig zu sein und bestätigt sich auch im täglichen Leben. Wir können nur auf diejenigen Facetten einer anderen Persönlichkeit antworten, von denen wir selber auch etwas haben. Darum gibt es Menschen, mit denen wir nicht analytisch arbeiten können. Wir haben ihre »Nummer« nicht, um diesen Ausdruck nochmals zu gebrauchen. Wir können nur die Leute analysieren, deren »Nummer« wir haben. In geringerem oder größerem Ausmaß können wir mit ihnen in Kontakt treten, aber wir können sie nur bis zu einem gewissen Grad verstehen. Je bewußter wir sind, desto mehr Menschen können wir verstehen, aber niemals alle, und je bewußter wir unserer vielen inneren Möglichkeiten sind, desto wahrscheinlicher ist es, daß wir die »Nummer« anderer Leute bekommen; sonst sind wir einseitige Analytiker, die nur einen bestimmten Personentyp analysieren können, oder eine bestimmte Art Neurose oder andere Krankheit. Da sind wir Spezialisten und können wirklich gute Arbeit leisten, aber auf einem anderen Gebiet können wir es nicht.

Ich kann z. B. keine hysterischen Leute analysieren. In meiner Praxis habe ich mehr als zwanzig Jahre lang keinen Fall von Hysterie gehabt, diese Menschen kommen gar nicht zu mir, und das macht auch nichts. Ich habe keine Gelegenheit, zu versagen, weil sie den Braten riechen, sie kommen nicht zu mir, und wenn ich ihnen in Gesellschaft begegne, stehe ich wie vor einer leeren Wand, ich kann mich nicht einfühlen. Bei vielen anderen Formen von Verrücktheit habe ich volles Einfühlungsvermögen, aber bei dieser einen versage ich, und aus Gesprächen mit Kollegen weiß ich, daß sie ähnliche Erfahrungen machen. Man hat Empathie nur für bestimmte menschliche Zustände, für andere fehlt sie. Ich hoffe immer noch, daß ich eines Tages hysterische Züge entwikkeln werde, um sie zu verstehen; das ist eines meiner größten

Ziele, aber ich habe es noch nicht erreicht. Ich erlebe das als Mangel, aber man kann nicht viel dabei tun außer weiterzumachen, bis man es hat.

Soweit ich gesehen habe, gilt das, was mein eigenes Erleben angeht, auch für Wahrsage-Techniken. Wahrsager entnehmen jeweils etwas aus einem Aspekt meiner Persönlichkeit, aber ich hatte nie ein Horoskop oder eine Handlesung, wovon ich sagen konnte:» Das erfaßt mich nun ganz und gar.« Man kann sagen: »Ja, ja, das stimmt, ich kann das sehen, so bin ich«, aber dann hört man etwas anderes, und das ist auch richtig. Wie ist es denn nun? Da merkt man, daß es einfach eine Fotografie ist; Fotos von Leuten geben immer nur eine momentane Facette ihrer Persönlichkeit wieder, weshalb man Fotografien auch nicht über längere Zeit ansehen kann. Wenn Sie das Foto einer geliebten Person auf Ihrem Schreibtisch haben, müssen Sie es nach einer Weile wegtun, weil es leblos wird. Eine Zeitlang spricht es, und dann hat man plötzlich das Gefühl, daß es einfach ein Stück totes Papier ist und nicht mehr diese Person. Man müßte 365 verschiedene Fotografien von ihr aufstellen, eine für jeden Tag des Jahres, um immer einen frischen Eindruck zu haben, denn ein Foto ist wie eine hellseherische Skizzierung der Persönlichkeit, es läßt nur eine Facette durchscheinen.

Dasselbe trifft auch auf das Wahrsagen einer Situation zu. In einem primitiven Stamm ist es viel wahrscheinlicher, richtig vorherzusagen, weil primitive Gesellschaften in einer völligen und allumfassenden *participation mystique* leben. Sie sind wie *ein* Körper. Wenn ein Mensch verhungert, haben alle Angst. Sehr primitive Gemeinschaften, die in großer Gefahr leben, teilen ihr Essen immer. Alles wird geteilt, nicht weil sie edler sind als wir, sondern weil sie sagen: »Heute erlege ich ein Karibu, aber in zwei Wochen kann es jemand anderer sein, also ist es besser, das Essen zu teilen, das wir haben.«

Als ich mein Grundstück in Bollingen kaufte, kamen die Nachbarn zu mir und sagten:» Wir leben in guter Nachbarschaft, denn sehen Sie, in einer so kleinen Gemeinde müssen wir uns alle irgendwann gegenseitig helfen, wir können uns deshalb keinen

Streit leisten.« Das stimmt; man braucht nur einmal im Winter dorthin zu fahren und im Schnee steckenzubleiben, und schon müssen die Nachbarn das Auto mitherausziehen. Man kann es sich nicht leisten, zu streiten, und man geht immer helfen, wenn ein Nachbar in Schwierigkeiten ist. Die ganze Gruppe besteht aus etwa fünf Häusern. Die Leute hassen sich gegenseitig ganz menschlich und im normalen Rahmen. Sie haben ihre Schattenprobleme und ihre seit Generationen bestehenden Schwierigkeiten, aber sie lassen sie nie ganz hochkommen. Man kann es sich nicht erlauben, denn sie sind das, was man eine Schicksalsgemeinschaft nennt.

Auch beim Bergsteigen können sich die fünf Leute, die an einem Seil sind, keinen Streit leisten. Sie mögen sich hassen oder lieben, soviel sie wollen, doch jenseits von Sympathie oder Antipathie ist es eine lebenswichtige Schicksalsgemeinschaft, und so ist es auch bei den primitiven menschlichen Gesellschaften. Sie haben immer alle Schwierigkeiten und Probleme gemeinsam, es gibt sehr wenige individuelle Probleme. Deshalb ist es für den Wahrsager des Stammes, der die Hühnerknochen wirft, um herauszufinden, ob es Regen oder gute Jagd geben wird, von genauso großer Wichtigkeit wie für die anderen Leute, die um ihn herumstehen und zuschauen. Es gibt ein enormes kollektives Interesse und damit eine enorme Ladung psychischer Energie. Es gibt eine ungeheure Spannung, die es natürlich sehr wahrscheinlich macht, daß der Wahrsager inspiriert wird, um die Information aus dem Unbewußten zu bekommen, die sich auf die Situation bezieht, und nicht eine Antwort auf sein persönliches Problem.

Wenn das Wahrsagen mißlingt, kann man im allgemeinen feststellen, daß der Wahrsager ein persönliches neurotisches Problem hat, das er auf das Material projiziert. Nehmen wir an, mein Handleser war gerade in großen Schwierigkeiten mit seiner Freundin – er könnte dann gesehen haben, daß ich Liebeskummer hatte und zu der Zeit nicht sehr treu war. Wenn es also einen Irrtum gibt, ist er gewöhnlich als Projektion des persönlichen Problems des Wahrsagers zu betrachten, die das Problem der anderen Person auslöscht. In primitiven Gemeinschaften gibt es nicht viele persönliche Probleme; in einer Schicksalsgemeinschaft ist ein persönliches Problem tatsächlich für alle ein Problem, so daß der Wahrsager wahrscheinlich nicht oft persönlichen Unsinn projiziert, sondern korrekt funktioniert. Aus dem Unbewußten der Gruppe entnimmt er die Antwort auf die Frage der Gruppe und bedient sich dazu dieser chaotischen Hilfsmittel.

Es gibt eine höhere Form des Orakels, wo Zahlen oder ein Muster mit einer bestimmten Ordnung benutzt werden. Die älteste Art des Orakels in China war es z. B., ein Feuer unter dem Panzer einer Schildkröte anzuzünden und zu schauen, wie er bricht. Natürlich bricht er entlang bestimmter Linien, und daraus wird das Schicksal gelesen. Das Muster auf dem Schildkrötenrücken ist nicht zufällig, sondern relativ geordnet in Feldern, in gewisser Weise wie bei einer Matrix, aber nicht ganz akkurat, nicht in exakten Linien – es liegt zwischen Ordnung und Unordnung. Dasselbe trifft auf den Kristall zu: er hat eine ganz bestimmte Ordnung, aber die Lichteffekte sind chaotisch und wechseln ständig – man braucht den Kristall nur zu drehen, um völlig verschiedene Lichteffekte zu haben. Bei einem Diamanten sieht man dasselbe, denn sein Licht hat verschieden schillernde Farben, er ist also auch eine Mischung aus zufälligem Muster plus Ordnung.

Der Mensch benutzte zuerst solche Mittel als Wahrsage-Technik. Soweit ich sehen kann, sind die primitivsten Orakel zufällige Muster – sozusagen Rorschach-ähnlich. Später fangen sie an, ein zufälliges Muster, verbunden mit einer bestimmten Ordnung, zu haben, oder sie stellen eine gewisse Ordnung her – z. B. das Hühnerknochen-Orakel afrikanischer Stämme, durch das man eine Inspiration bekommt oder eine Antwort auf irgendeine Frage erhält, die man im Sinn hat, und zwar durch die Art, wie die auf den Boden geworfenen Knochen gefallen sind. Dann gibt es eine weiter entwickelte Technik, bei der man einen roten, einen schwarzen und einen weißen Stock niederlegt und dann die Hühnerknochen wirft, und damit kommt schon die Theorie hinein. Vorher gab es keine Theorie, aber mit der Ordnung kommt sie, so daß es Pech bedeutet, wenn mehr Knochen auf der roten als auf der weißen Linie sind usw. Man legt also eine Art Matrix oder auch eine Art Cartesische Koordinaten in ein zufälliges Muster, oder man benutzt ein natürliches Material, das eine Mischung aus zufälligem Muster und Ordnung ist, und entwickelt daraus eine Theorie. Nur wenn das Ordnungsmuster mit einem zufälligen Muster kombiniert ist, wendet man eine Theorie an, indem man sagt: wenn es so ist, bedeutet es das, und wenn es so ist, bedeutet es dies. Vorher schaute man einfach ins Wasser oder auf die Risse in den Linien und bekam eine Intuition; es gab keine Theorie, daß ein bestimmter Riß etwas bedeutete, man bekam einfach eine Ahnung aus einem chaotischen Bild.

Es gibt andere Techniken, die sehr viel älter sind als irgendwelche rationalen wissenschaftlichen Methoden. Sie tauchten in unserem Teil der Welt seit dem 6. Jahrhundert vor Christus auf und in Zentralasien noch viel früher, doch auch das ist noch jung, wenn man die Geschichte der Menschheit im ganzen betrachtet. Ich würde das Orakel mit chaotischem Muster plus Ordnung historisch den wirklichen Anfang der Wissenschaft nennen, denn damit wurde das zufällige Muster in eine mathematische Ordnung gestellt, entweder durch Linien, durch eine Matrix, oder durch ein System von Koordinaten oder Zahlen.

Die Zahl wurde zuerst immer in einer binären Form gebraucht, denn der primitive Geist – und auch wir, wenn wir in einer praktischen Situation sind – kann sich nicht mit Feinheiten abgeben. Unter den harten Bedingungen des primitiven Lebens werden die Fragen einfach: Soll ich auf diese Reise gehen oder nicht? Werde ich einen Bären finden oder nicht? Überleben oder Sterben? Betrügt mich meine Frau oder nicht? Wird mein krankes Kind sterben oder weiterleben? Das sind alles vitale Fragen, die im primitiven Geist die Form eines Ja oder Nein annehmen, und so funktioniert unsere hochentwickelte Logik immer noch – mit einem Ja oder Nein, einem Plus oder einem Minus. Wir haben eine zweipositionale Logik und haben zwei Standpunkte in unserem Geist. Primitive gehen z. B. sehr oft nicht in die Feinheiten der Traumdeutung. Sie entscheiden nur, ob es ein guter oder ein schlechter Traum ist, und das ist die Tendenz zum Ja oder Nein. Wenn sie einen guten Traum haben, machen sie mit dem Leben weiter, wenn es ein schlechter Traum ist, bleiben sie im Bett oder im Zelt und bewegen sich eine Zeitlang nicht hinaus. Das ist das einfachste Problem von Ja oder Nein. Sie entschieden zuerst auf diese Weise und hatten keine entwickelten Traumtheorien. Wenn ein römischer Senator am Morgen entschied, daß er einen schlechten Traum hatte, und ihn nicht verstand, dann blieb er einfach den ganzen Tag im Bett und ging nicht in den Senat. Es gibt viele solcher Geschichten.

Sehr oft kommen meine Analysanden herein, setzen sich und sagen: »Ich hatte einen guten Traum«, oder »Ich hatte letzte Nacht einen schlechten Traum«. Häufig stimmt das überhaupt nicht, denn wenn man den Traum analysiert, ist das, was sie einen schlechten Traum genannt haben, oft recht hoffnungsvoll, und was sie einen guten Traum nannten, ganz und gar nicht Zucker, aber wir alle ähneln in dieser Weise den Primitiven. Wenn das allgemeine Bild und das, was man ihm entnimmt, gut scheint, dann kommen sie strahlend herein und rufen: »Ich hatte einen guten Traum!« Die Grundprobleme, die vitalen Fragen des Menschen, gibt es also auch noch bei uns. Wir dürfen uns nicht täuschen – das sind die Ja- oder Nein-Fragen, und entweder wurde eine Matrix benutzt, um Ordnung in die Unordnung zu bringen oder der Unordnung eine Richtung zu geben, oder es wurden Zahlen gebraucht. Natürlich sind wir immer noch gewohnt, Ja- oder Nein-Fragen zu stellen. Wir werfen eine Münze und bekommen Kopf oder Zahl, oder wir nehmen eine Handvoll Kieselsteine und zählen sie und erhalten eine ungerade Zahl, indem wir einen auslassen, oder wir lassen einen geraden Rest übrig, und dann ist der gerade oder ungerade Rest das Ja oder das Nein; das ist z. B. die Grundlage des I Ging, einem aus zwei Einheiten bestehenden Zahlensystem, das mit Ja oder Nein antwortet. Das waren die ersten Anfänge, mit denen eine Theorie und ein System in das zufällige Bewußtsein des frühen Menschen gebracht wurde.

Bei näherem Hinsehen fällt dieser Schritt vom zufälligen Muster als einer Quelle der Information zu einem Muster, das eine geometrische oder zahlenmäßige Ordnung enthält, mit der Möglichkeit zusammen, eine allgemeine Theorie zu bilden. Wenn z. B. auf der einen Seite der Linie mehr Knochen liegen, dann ist das ein ungünstiges Zeichen, und wenn auf der anderen Seite mehr sind, ist das Orakel günstig. Im Detail kann man noch mehr daraus lesen, aber dies ist die Trennung zwischen Ja und Nein. Oder wenn man Kieselsteine und das Zwei-Einheiten-System benutzt, gibt es nicht nur eine Voraussage von Ereignissen oder eine Information über die Vorgänge im Unbewußten, sondern eine Ordnung ist gelegt, die günstig oder ungünstig für Handlungen sein kann. In gewissen primitiven Gesellschaften wird das immer spontan mit Gut oder Schlecht verbunden, so wie wir naiv von guten oder schlechten Träumen sprechen.

Die Chinesen hatten eine andere Betrachtungsweise, indem sie nicht so sehr gut und schlecht im moralischen Sinne trennten, sondern schauten, wie es in ihre große Weltordnung von Yin und Yang paßte – den weiblichen und männlichen Prinzipien, passiv und aktiv, dunkel und hell usw. –, in der weisen Haltung, daß nichts absolut gut oder schlecht ist. Es wäre also wichtiger, eine zweiheitliche Ordnung in diese chaotischen Ordnungen zu legen, nicht um sie gut oder schlecht zu machen – mit Ja oder Nein zu versehen –, sondern um sie als diesen oder jenen Typ einer Situation zu sehen, zu der dieser oder jener Typ einer Haltung paßt. Yin und Yang sind weder gut noch schlecht. In China kann beides gut oder schlecht sein – das ist eine andere Kategorie –, aber wenn die Yin-Situation vorherrscht, muß man sich auf eine Art verhalten, die zu dieser Lage paßt. So kann die zweiheitliche Ordnung, die den Dingen beigelegt wird, entweder moralisch sein, oder sie kann günstig oder ungünstig sein, oder sie kann wie in China zu dieser Kategorie der Existenz, zu diesem Existenz-Rhythmus gehören, was meiner Meinung nach eine hervorragende Haltung ist, weil sie nicht persönlich urteilt. Alles egozentrisch zu betrachten, ist sehr primitiv. Ist das gut für mich, ist es schlecht für mich? – das ist primitiv und egozentrisch.

Die Chinesen waren objektiv und philosophisch genug zu sagen, daß sogar wenn es schlecht für mich ist, es im ganzen gut sein kann. Von Anfang an hatten sie eine weisere und objektivere Ansicht von dem, was wir gut oder schlecht nennen, und betrachteten es als zur Gesamtheit des Daseins gehörend. Das ist der Beginn der Wissenschaft – es ist im wesentlichen das, was wir heute die experimentelle Methode nennen, denn es gibt im Geist dessen, der sucht, eine Frage, und es gibt eine mathematische Methode, um das Chaos des Daseins anzugehen und Schlüsse daraus zu ziehen. Das ist genau das, was wir beim modernsten physikalischen Experiment tun: Der Experimentator hat eine Frage im Sinn, er hat eine mathematische Versuchsmethode, und dann schaut er das Ergebnis des Experiments an und beurteilt es von einem mathematischen Modell her. Man könnte sagen, die erwähnten Orakeltypen waren nicht nur die Geburt der theoretischen Wissenschaft, sondern auch der experimentellen Wissenschaft; Theorie und Experiment waren noch nicht auseinandergerissen, sondern eins.

Der einfachste Schritt wurde also getan, als der menschliche Geist dem Chaos des Daseins eine Frage mit mathematischer Ordnung zu stellen begann und dann das Ergebnis abwartete, indem er dem tatsächlichen Zufallselement eine Möglichkeit eröffnete. Daran sieht man, wie sich die Dinge entwickelt haben. Was einmal eine Einheit gewesen ist, wurde in zwei Extreme auseinandergerissen. Stellen Sie sich ein modernes physikalisches Experiment vor, entweder mit einer Menge oder mit einem Partikel oder wie auch immer, und vergleichen Sie es mit dem Werfen des I Ging. Alle haben dieselbe Wurzel, aber ein Teil wurde ganz spezifisch entwickelt, und der andere verblieb in seiner archaischen Form. Das große Problem ist nun der interessante und aufregende Zufallsfaktor.

Bei physikalischen Experimenten sind Zufallsereignisse ein Ärgernis. Wenn beim Experiment etwas schiefgeht, wenn zufällig etwas Unerwartetes geschieht, d. h. wenn es eine mathematische Voraussage gibt, daß das Ergebnis so und so sein muß, und es dann vollkommen anders ist, ist der Wissenschaftler verzweifelt.

Dann gibt es zwei Möglichkeiten: Entweder war seine Berechnung falsch, also ändert er seine Mathematik oder fälscht seine Gleichung, wie es heute gern getan wird; oder er versucht herauszufinden, welcher »böse« Zufall dazwischengekommen ist. Vielleicht war die Hitze zu groß oder ein Riß im Instrument. Es kann sich um Material-Ermüdung und andere unglückliche Umstände handeln, und dann kämpfen die Wissenschaftler verzweifelt, indem sie versuchen, das Zufallsmoment auszuschalten, es zuerst zu bestimmen und dann zu eliminieren. Natürlich wird heute kein physikalisches oder wissenschaftliches Experiment als gültig anerkannt, wenn es nur einmal gemacht wird. Ein einziges Experiment bedeutet für den Wissenschaftler nichts. Ein Elektrochemiker erzählte mir einmal, daß ein Experiment nur wahr ist, wenn er es fünfzigmal und immer mit demselben Ergebnis macht; er veröffentlicht es dann, und ein Japaner in Tokio wiederholt das Experiment mit demselben Ergebnis, und nur dann ist es vollkommen gültig.

Der Zufall ist also der Feind; er ist etwas, das man durch so viel Wiederholung wie möglich eliminieren muß, und wenn der Fehler im Aufbau oder in der Temperatur liegt oder in der Ermüdung des Materials, dann tut man alles Mögliche, dies beim nächsten Experiment auszuschalten, unter möglichst ähnlichen Bedingungen, um immer ein ähnliches Ergebnis zu bekommen. Natürlich ist der Zufall ein objektiver Faktor, es gibt ihn, aber in der Naturwissenschaft spricht man von einem unglücklichen Zufall, als von etwas Bedauerlichem.

Man sieht nun die Verbindung dieses Problems mit Wahrscheinlichkeitsrechnung und Statistik, denn auch sie sind Werkzeuge, um den Zufall zu eliminieren. Bei den Statistiken und Kalkulationen der Versicherungsgesellschaften geht dieses Spiel, den Zufall auszuschalten, munter weiter. Was sie wirklich bekämpfen müssen, ist der Zufall, also schalten sie zuerst z. B. den Selbstmord aus, weil das nicht in ihr Zertifikat paßt – ebenso schalten sie den Zufall aus, um an den durchschnittlichen Autofahrer mit seiner durchschnittlichen Sicherheit heranzukommen. Natürlich ist es damit nicht getan, der Zufall spielt immer noch Streiche, und im englischen Recht wird sogar offiziell vor Gericht ein Zufall, der von den Versicherungsgesellschaften nicht vorhergesehen wurde, ein »act of God« genannt. Das ist der offizielle Ausdruck dafür – der Zufall ist Gottes Tat!

Als ich einmal in Genf eine Vorlesung hielt, fragte mich ein Physiker, was die archetypische Grundlage des Zufalls sei. Ich war über die Frage überrascht, denn damals hatte ich noch nicht darüber nachgedacht. In der primitiven Mentalität gibt es keinen Zufall. Was wir wissenschaftlich Zufall nennen, ist ein »act of God« oder die Tat irgendeines Gottes; in einer polytheistischen Religion ist es ein Gott oder ein Geist oder irgendeine magische Macht. Es gibt keine Sinnlosigkeit, keinen unglücklichen Zufall, jeder Zufall ist ein göttliches Werk; das ist der Unterschied, und man sieht, wie weit heute die Dinge auseinandergefallen sind.

Der gemeinsame Archetyp, den wir nun schon zweimal genannt haben, ist der Archetyp des Spieles. Wenn Sie Spieler sind, und ich hoffe, Sie sind es, dann wissen Sie, daß man immer zwischen zwei Möglichkeiten hin- und hergerissen ist – entweder ein System zu haben, oder dem zu vertrauen, was ich das Unbewußte nennen würde und ein anderer Spieler seinen Glücksgott, Fortuna oder ähnlich.

Ich erinnere mich daran, daß ich leidenschaftlich Bridge spielte, als ich jung war. Wir spielten nicht um Geld, es war also nicht wichtig zu gewinnen oder zu verlieren. Zuerst spielte ich, weil es interessant war, aber wenn man jeden Tag spielt oder jeden Sonntag ein paar Stunden, dann verliert man das Interesse. Für mich blieb es jedoch immer interessant, weil ich daran ging, mit meinem Unbewußten zu spielen. Ich nannte es nicht so, weil ich zu der Zeit keinerlei Psychologie kannte, aber wenn die Karten verteilt wurden, schloß ich meine Augen und versuchte zu wissen, ob ich gute oder schlechte Karten bekommen würde, und war zufrieden, wenn ich recht hatte. Später fand ich heraus, daß wenn ich mich am Sonntagnachmittag an den Tisch setzte, ich schon wußte, ob ich diesen Nachmittag eine Glückssträhne oder eine Pechsträhne haben würde. Ich wußte es einfach, wenn ich mich an den Tisch setzte! Ich hatte also Kontakt mit dem, was wir das absolute Wissen des Unbewußten nennen, und der Spaß beim Spielen war es, herauszufinden, ob man das wirklich haben kann.

Die meisten Spiele sind eine Mischung aus Zufall und Berechnung. Sie können Ihre Intelligenz bis zu einem gewissen Grad einsetzen, aber es gibt immer den Zufallsfaktor. Mahjong, Bridge usw. basieren darauf. Wo immer Sie Würfel oder Karten benutzen, gibt es im allgemeinen diese Mischung. Das ist sehr befriedigend, weil es ein Abbild des Lebens darstellt, das man auch bis zu einem gewissen Grad mit Intelligenz und Vernunft organisieren kann, und wenn man vernünftig ist, hat man eine bessere Chance, gut zu leben, als wenn man unvernünftig ist, aber den »act of God« gibt es eigentlich immer. Die meisten Spiele sind also in gewisser Hinsicht Lebensbilder; man kann seine Vernunft gebrauchen, aber man sieht sich dem Zufall gegenüber, und das ist der beliebteste und am weitesten verbreitete Spiel-Typ.

Beim Schach ist es anders, weil es eine reine Frage der Intelligenz ist. Wenn Sie eine hervorragende mathematische Intelligenz haben, werden Sie wahrscheinlich eher gewinnen als verlieren, aber es ist dennoch sehr amüsant, weil es auch dort einen psychologischen Faktor gibt. Beim Schach bin ich ein Idiot, aber ich stelle mich weniger dumm an, wenn ich wütend bin. Lange Zeit spielte ich mit meinem Vater Schach. Wir spielten sehr schnell, ohne viel zu denken, nicht professionell, denn wir spielten zwei Spiele an einem Abend; Sie können sich also denken, daß wir wie Kinder waren. Wir saßen einfach eine Minute und machten dann einen Zug. Ich verlor immer das erste Spiel, sogar wenn ich mir bewußt Mühe gab, und ohne Ausnahme gewann ich immer das zweite Spiel, weil ich nach dem Verlieren des ersten in Hitze kam und in Rage geriet und dann die Libido sowie enorme Konzentration hatte, so daß ich wacher als vorher wurde.

Wenn Sie einen guten Tag haben, ist Ihre Libido da, und dann funktioniert Ihr mathematisches Talent, und wenn es ein schlechter Tag ist und Sie in mäßiger Form sind, können Sie sich nicht konzentrieren. Sogar wenn Sie eine durchschnittliche Intelligenz haben, wird sie nicht funktionieren, also gibt es sogar dort den Zufall und einen psychologischen Faktor – das Unbewußte ist genauso dabei, und das macht es so aufregend. Wenn ich andere Leute ausfrage, die auch gerne spielen, stellt sich heraus, daß bei den meisten bewußt oder unbewußt dieser Faktor eine Rolle spielt, er ist wirklich ein Teil des Spielvergnügens – dieses Spielen mit der Synchronizität, mit dem eigenen Unbewußten und den eigenen Stimmungsfaktoren, sonst wäre das Ganze nicht interessant. Wenn man um Geld spielt, ist das schlicht ein Symbol: entweder spielt man mit der unbewußten Libido, oder man stellt sie durch Geld dar, das ein Symbol für psychische Energie ist. Wahre Spieler kümmern sich nicht um das Geld, sie wollen einfach gewinnen. Die meisten Spieler spielen nicht wirklich um Geld; wenn sie es tun, dann ist das Geld ein Symbol für diese psychische Energie, diese Macht, mit der sie eigentlich spielen.

Was ist denn nun der Unterschied zwischen einem modernen wissenschaftlichen physikalischen Experiment und einem Wahrsage-Orakel? Bei einem physikalischen Experiment wird der Zufall ausgeschaltet, man schiebt ihn soweit wie möglich an den Rand, dann bleibt der kleine Rest, den man nicht ausschalten kann. Das ist ärgerlich, und dann heißt es: »Ach, ist das ein Pech!«, aber der Wissenschaftler sagt: »Das können wir ignorieren«, und dies ist das letzte verdammende Wort. Es ist eine so winzige Angelegenheit, daß wir sie ignorieren können. Beim Orakel hat man einen anderen, komplementären Ansatz, nämlich einen, der den Zufall als Zentrum nimmt: Man wirft eine Münze, und gerade der Zufall, daß der Kopf oben liegt, ist die Quelle der Information. Beim einen ist also der Zufall die Informationsquelle und beim anderen die Störung oder der Faktor, den man ausschaltet. Beide Standpunkte sind das, was man in moderner wissenschaftlicher Sprache komplementär zueinander nennen würde. Die Experimente eliminieren den Zufall, das Orakel stellt ihn ins Zentrum. Das Experiment basiert auf der Wiederholung, das Orakel auf der einmaligen Handlung. Das Experiment gründet sich auf die Wahrscheinlichkeitsrechnung, das Orakel benutzt die einmalige individuelle Zahl als Quelle der Information.

Nun müssen wir uns fragen, wie die Zahl darüber Auskunft geben kann, was im Unbewußten vorgeht, und davon handelt das nächste Kapitel.

3 Die psychischen Grundlagen des Orakelwesens

Obwohl die Wahrscheinlichkeitsrechnung nur eine Abstraktion ist und im Detail keine definitive Information liefert, sind die modernen Wissenschaftler, die ich erwähnt habe, fest davon überzeugt, daß man damit die Wahrheit über die äußere Realität herausfinden kann. Es gibt jedoch eine Reihe eher philosophisch orientierter Physiker, die gemerkt haben, daß die Weltsicht, die durch die Wahrscheinlichkeitsrechnung geschaffen wird, eine künstliche geistige Erfindung ist.

Ich möchte hier auf ein Buch von Sir A. Eddington, »The Philosophy of Physical Science«, hinweisen, das trotz seines Alters immer noch gültig ist und mit dessen Hilfe sogar ein Laie die praktischen Voraussetzungen und Rückschlüsse moderner Physiker leicht verstehen kann. Eddington hebt einen Punkt hervor, der dazu geführt hat, daß er vom marxistischen Lager der Physik angegriffen wurde. Er lehnt sich stark an Niels Bohrs und Heisenbergs Standpunkt der Quantenphysik an und betont deshalb emphatisch, daß der Zufall ein objektiver Faktor in der Natur ist, mit dem der Wissenschaftler rechnen muß, und daß die Wahrscheinlichkeitsrechnung, die den Zufall voraussetzt, bei näherer Betrachtung letztlich eine Konstruktion unseres Verstandes ist. Was dahinter liegt, meint er, könnten wir einfach »Leben« oder »Bewußtsein« oder »Geist« nennen.

Nehmen wir an, das I Ging oder ein geomantisches Orakel habe eine bestimmte Qualität, die es in Parallele zur physikalischen Wahrscheinlichkeit setzt, da es ebenfalls ein Versuch ist, psychologische Wahrscheinlichkeit zu erforschen. Obwohl psychologische Tatsachen teils zufälliger, teils mehr individuell persönlicher Art sind, gibt es doch auch bestimmte psychologische Strukturen oder Trends in Richtung einer psychologischen

Wahrscheinlichkeit, die man mit Hilfe eines Orakels verdeutlichen kann. Ich werde gleich näher darauf eingehen. Der große Unterschied zwischen dem physikalischen Experiment und einem Orakel ist, wie gesagt, der, daß das Experiment Genauigkeit durch Wiederholung erhält. Kein Naturwissenschaftler wird jemals eine Feststellung akzeptieren, die in einem Artikel veröffentlicht wird und die besagt, daß dieses oder jenes Experiment mit diesem und jenem Ergebnis gemacht worden ist. Er wird es zurückweisen und sagen, das Experiment müsse so oft wiederholt werden, daß der Zufall sicher ausgeschlossen werden kann, der das Ergebnis stören könnte. Erst wenn eine Unzahl von Wiederholungen dasselbe Resultat ergibt, kann es als genau angesehen werden.

Das Orakel hat eine komplementäre Natur, insofern es den Zufall als Ausgangspunkt nimmt und nur durch die einmalige Handlung Genauigkeit bekommt und das Zufallsergebnis zum Zentrum der Betrachtung macht. Deshalb könnte man sagen, daß das Experiment zur rechten Zeit mit dem Ziel wiederholt wird, Information über einen kleinen Ausschnitt der Realität zu erlangen. Das Orakel ist genau das Gegenteil, denn sofern es die Zeit betrifft, ist es einmalig, weil es nur einmal gemacht wird, und der Zweck ist nicht die Auskunft über ein Bruchstück der Realität, sondern möglichst über die ganze äußere, innere, gegenwärtige und zukünftige psychologische Situation. Auf diese Weise ist es vollkommen komplementär zum physikalischen Experiment.

Ein einmaliges Ereignis, das nie ganz in das Ergebnis eines physikalischen Experiments hineinpaßt, wird heute Grenzbedingung genannt. Eddington sagt ganz richtig, daß wenn wir ein Gesetz finden könnten, das diese Grenzbedingungen beherrscht, wir ein weiteres Naturgesetz entdecken würden. Bis jetzt ist das aber noch nicht formuliert worden. Mit anderen Worten, es gibt in der Physik ein ganzes Gebiet von Tatsachen, das man Grenzbedingungen nennt, objektive Zufallsereignisse, für die bis jetzt noch kein Gesetz gefunden worden ist.

Nach Eddington gibt es solche Grenzbedingungen immer, und in sie schließt er den Bereich der Realität mit ein, den er den

Willensakt des Menschen nennt. Die Willenskraft des Menschen, so überlegt er gemäß materialistischer Auffassung, stammt aus einem bestimmten Teil seines Gehirns, der im Gegensatz zu den anderen Aspekten der Materie Willensakte hervorbringen kann und so die gewöhnlichen Gesetze der materiellen Welt durchbricht – wenn auch noch nicht entdeckt wurde, wie und warum das funktioniert. Wir würden sagen, daß er die Psyche in das Gehirn projiziert, wie das in der modernen Medizin üblich ist, und deshalb vermutet, daß ein kleines Stück der Gehirnmasse Willensakte vollbringen kann. Dies, meint er, ist das große Geheimnis oder die große Frage, die der Physiker nicht lösen kann und dann, wie immer, ausschaltet, indem er sagt, daß sie ohnehin kein Problem für die Physik ist. Er übergibt es also einfach einer anderen Fakultät.

Wir dagegen würden gerade das als interessant aufgreifen und fragen, was hinter dem Willensakt steht. Da sind wir sofort im tiefen Wasser, weil es tatsächlich Willensäußerungen von seiten des Ichkomplexes wie auch eines unbewußten Komplexes gibt. Auch ein unbewußter Komplex kann einen Willensakt vollbringen oder etwas entscheiden bzw. arrangieren, so wie es das Ich kann. In gewisser Hinsicht gibt es in einem Menschen genauso viele kleine Egos, wie es autonome Komplexe gibt; der Ichkomplex herrscht wie die Sonne über die Sterne, in der unbewußten Persönlichkeit gibt es diese kleinen Stückchen ringsumher, die alle zu Willensakten fähig sind.

Jung versuchte solche Willensakte ganz allgemein so zu definieren, daß sie einer verfügbaren Energie entspringen. Nach Jung ist die Willenskraft eine Energie, die dem Ichkomplex zur freien Verfügung steht. So waren die alten Orakeltechniken in Wirklichkeit Versuche, die Wahrscheinlichkeiten oder relativen Regelmäßigkeiten der menschlichen psychologischen Situation herauszufinden. Fast alle Orakeltechniken sollen wie das I Ging gebraucht werden, nämlich nur in sehr ernsten Situationen und nicht als Wohnzimmerspiel, wenn ein paar Leute zusammensitzen und sagen: »Laßt uns ein I Ging werfen und irgend etwas herausfinden.« Man sollte das Orakel nur benutzen, wenn man

71

eine brennende Frage hat oder wenn man in einer Sackgasse und im Zustand emotionaler Spannung ist, nicht aber, wenn alles gut läuft und man wirklich nicht mit einem speziellen Problem beschäftigt ist.

Wir wissen, daß große innere Spannungen immer dann auftreten, wenn ein Archetypus konstelliert ist. Jemand, der einen archetypischen Traum hat, ist gewöhnlich in einem Zustand hoher dynamischer Spannung, weshalb Jung die Archetypen als die Kern-Dynamismen der Psyche definiert. Jeder Archetyp ist wie eine Masse dynamischer Energie, und bei einem Schizophrenen kann eine solche Ladung den Ich-Komplex zersprengen, wenn die Spannung zu groß ist. Daran ist empirisch zu sehen, wie hoch die Spannung eines Archetyps werden kann, denn er kann die ganze bewußte Persönlichkeit zerstören. In einer gespannten Situation ist es sehr wahrscheinlich, daß im Unbewußten ein Archetypus konstelliert ist. Das ist der Moment, das Orakel zu benutzen, weil es nur dann funktionieren und eine sinnvolle Antwort geben wird. Der Archetyp ist also in gewisser Hinsicht ein Faktor psychologischer Wahrscheinlichkeit.

Mit anderen Worten, wenn im Unbewußten eines Analysanden oder Patienten ein Archetyp konstelliert ist, kann man in hohem Maße seine Reaktionen und Probleme voraussagen, weil es – sofern man weiß, wie – möglich ist, ein solches Muster zu lesen und gleichzeitig die bewußte Situation und deren Probleme zu rekonstruieren. Ich habe das manchmal unwillkürlich getan, ohne angeben zu wollen, denn es geschah oft, daß jemand mir in der ersten Stunde einen archetypischen Traum erzählte, um sich vorzustellen, und dann sagte ich: »Also gut, wahrscheinlich sind Sie im Bewußtsein so und so, und gewöhnlich stoßen Sie im Leben Ihren Kopf in diesen und diesen Situationen an, und wahrscheinlich haben Sie die und die Philosophie.« Wenn sie fragten, woher ich das wüßte, erwiderte ich, ich sei nicht sicher, aber vermutlich durch die unbewußte Konstellation. Wenn das Unbewußte auf bestimmte Weise konstelliert ist, dann ist die ganze psychologische Situation wahrscheinlich so und so. Man kann sogar bis zu einem gewissen Grad – nicht völlig, aber in

Umrissen – den Bereich des bewußten Problems eines Menschen aus der unbewußten Konstellation rekonstruieren.

Der Archetyp könnte daher als eine Struktur definiert werden, die bestimmte psychologische Wahrscheinlichkeiten darstellt, und Orakeltechniken sind offensichtlich Versuche, an diese Strukturen heranzukommen. Jung sagt in seinem Aufsatz über die Synchronizität, daß synchronistische Ereignisse – und er klassifiziert alle aufs Geratewohl wahrsagenden Techniken als Experimente, die mit Synchronizität zu tun haben – *Schöpfungsakte in der Zeit* und in diesem Sinne einmalig sind. Ein synchronistisches Ereignis ist eine einmalige Angelegenheit und nicht genau voraussagbar, weil es immer ein schöpferischer Akt in der Zeit ist und deshalb nicht regulär. Wenn z. B. ein Analysand einen großen archetypischen Traum hat und beunruhigt und innerlich angespannt ist, ist es sehr wahrscheinlich, daß in seiner Umgebung synchronistische Ereignisse passieren. Nehmen wir an, er wirft ein I Ging und bekommt das Zeichen 34 »Des Großen Macht«. Es ist die Beschreibung eines Spannungszustandes, über den das Orakel sagt, daß der Wagen entzweibricht, und im Kommentar heißt es, daß der Wagen mit seinen vier Rädern, d. h. die Grundlage des Bewußtseins, zerbricht. Das würde bedeuten, daß die ganze bewußte Welt dieses Patienten zusammenbrechen könnte. Möglicherweise geht er nach der Stunde hinaus und hat einen schweren Autounfall. Dann könnte man sagen: »Das Orakel hat das vorausgesagt, es hat wörtlich über das Zerbrechen des Wagens gesprochen, wie merkwürdig!« Aber wenn man genauer darüber nachdenkt, war das nicht wirklich vorausgesagt. Der Analysand hätte genauso gut heimgehen und lediglich eine Bewußtseinsspaltung erleben können, ohne einen Unfall zu haben. Es ist niemals möglich, durch ein Orakel sicher zu wissen, was wirklich geschehen wird.

Synchronistische Ereignisse sind also unbestreitbar einmalige Schöpfungsakte, »einfach-so«-Geschichten, und in sich nicht voraussagbar. Aber warum dann überhaupt Orakel? Warum die Suche nach Wahrscheinlichkeiten, wenn man sie nicht voraussagen kann? – fragt man sich dann. Nun gibt es psychologische

Wahrscheinlichkeiten oder, wie Pauli sie nannte, Erwartungskataloge, was bedeutet, daß die kalkulierbare Wahrscheinlichkeit in der Physik zwischen zwei Begrenzungen liegt. Man kann nicht sagen, daß das nächste Experiment genau das und das Resultat haben wird, aber so viel kann gesagt werden, daß es innerhalb eines bestimmten Wahrscheinlichkeitsbereiches und nicht außerhalb liegen wird. Deshalb ist heute die Wahrscheinlichkeitsrechnung ein Erwartungskatalog bzw. eine Liste von zu erwartenden Resultaten.

Man kann dies mit dem Orakel vergleichen. Stellen Sie sich vor, jemand bekommt eine bestimmte Zahl des I Ging, d. h. einen Erwartungskatalog psychologischer Ereignisse. Wenn der Analysand die Linie »Zerbrechen des Wagens« wirft, was Aufbrechen oder Entzweibrechen oder die Gefahr des Zerbrechens der bewußten geistigen Strukturen bedeutet, sagt es nur, daß ein mögliches synchronistisches Ereignis qualitativ in denselben Bereich gehört und nicht, daß er etwa an diesem Nachmittag seiner zukünftigen Frau begegnen wird. Wenn ihm etwas in der Form eines synchronistischen Ereignisses geschieht, wird es im Bereich des Zusammenbrechens seiner bewußten Einstellungen sein; was aber genau geschieht, kann nicht vorhergesagt werden. In diesem Sinne könnte man sagen, daß ein Orakel nie akkurat ist. Das ist das Irritierende daran und auch das, was Rationalisten immer als Argument gegen das Orakel verwenden, denn ein Orakel benutzt immer eine Art allgemeinen symbolischen Bildes, das wie alle Symbole auf viele Arten und auf vielen Ebenen gedeutet werden kann.

Sehr genaue Denker sind über Orakeltechniken irritiert, weil sie so unbestimmt sind. Natürlich kann man alles in sie hineinlesen, und weil alles so vage ist, sehen törichte abergläubische Leute immer eine Verbindung und behaupten nach einem Ereignis, daß es schon im Orakel vorausgesagt war. Man könnte sagen, alles ist so vage, daß praktisch alles passieren kann. Das stimmt aber nicht, sondern ist ein aus dem Vorurteil geborenes emotionales Argument. Jedoch trifft es insofern zu, als eine Orakeltechnik nie ganz genau ist und keine exakten Vorhersagen machen kann. So wie ein Physiker ein einmaliges Ereignis nicht vollkommen genau voraussagen kann, kann das Orakel nicht ein bestimmtes psychologisches Ereignis voraussagen. Aber es kann einen »Erwartungskatalog« aufstellen, der das Bild eines bestimmten Bereiches oder qualitativen Feldes von Ereignissen entwerfen und vorhersagen kann, daß etwas innerhalb dieses Feldes geschehen wird. Es gibt eine gewisse psychologische Wahrscheinlichkeit aufgrund der Existenz des von Jung so genannten kollektiven Unbewußten.

Da unsere grundlegendste psychische Struktur von den Archetypen gebildet wird, was ein allgemeines kollektives Verhaltensmuster bedeutet, neigen wir alle dazu, in bestimmten Situationen auf dieselbe Art zu reagieren. Angenommen, ein primitiver Stamm ist in einer Klemme und kann sich mit normalen Mitteln oder durch die Träume oder den gesunden Menschenverstand nicht herauswinden. Er wird mit der Situation nicht fertig. Was dann sehr wahrscheinlich im Unbewußten konstelliert wird, ist der Archetyp des Helden oder Retters, denn nun werden eine ungewöhnlich heroische psychische Anstrengung und die Mobilisierung ungewöhnlicher übermenschlicher Fähigkeiten der Seele benötigt, um die Schwierigkeit zu überwinden. Ein Individuum könnte z. B. in solchen Momenten, in denen normalerweise das Bild des Helden irgendwo projiziert ist, von heroischen Taten oder Teilen eines Heldenmythos träumen.

Dies passierte, als viele Deutsche das Bild des Helden und Heilandes auf Hitler projizierten. Es war in jeder Hinsicht eine Zeit furchtbarster Krise, sowohl psychologisch als auch wirtschaftlich. Sie kam nach den schrecklichen Jahren, die dem Ersten Weltkrieg folgten, als hohe Arbeitslosigkeit, Inflation und völlige geistige und religiöse Orientierungslosigkeit herrschten. In gewisser Weise stimmte es, daß eine totale Änderung der Einstellung der einzige Ausweg aus dieser schwierigen Lage war, und das mobilisierte die Idee eines Führer-Helden oder Retters im Unbewußten – aber sie wurde auf einen kriminellen Psychopathen projiziert, und das trieb das Ganze in den Abgrund. Tatsächlich wurden 1923 Gedichte und andere literarische

Texte verfaßt, die wie die Träume von Deutschen aus dieser Zeit zeigen, wie in solch ungewöhnlicher, schwieriger Lage der Archetyp des Helden-Heilandes sich im Unbewußten zu konstellieren begann. Wäre die Projektion auf eine zeitgemäße, begabte und ethische Persönlichkeit gefallen, hätte sie die Menschen aus der Sackgasse herausführen können, aber sie fiel auf einen Psychopathen – mit allen Konsequenzen, die sich daraus ergeben. Dies ist nur ein Beispiel, um zu zeigen, daß es so etwas wie eine psychologische Wahrscheinlichkeit in der archetypischen Schicht der Psyche gibt und damit die Möglichkeit, Kommendes vorherzusagen. Orakel sind meines Erachtens Versuche, mit der dynamischen Ladung einer archetypischen Konstellation Kontakt aufzunehmen und ein lesbares Muster davon zu geben.

Wie schon bekannt, liegt hinter der Wahrscheinlichkeitsrechnung, historisch gesehen, tatsächlich der Archetyp des Spiels. Ein Orakel kann auch mit dem Würfelspiel verglichen werden. Im I Ging zählt man Schafgarbenstengel oder wirft Münzen, was eigentlich dasselbe wie Würfeln ist. Bei vielen Orakeln würfelt man, anstatt Münzen zu werfen, um eine bestimmte Zahl zu bekommen, und schaut dann nach, was sie bedeutet. Das alles hat mit dem Zufall zu tun. Die archetypische Idee des Spiels steht also sowohl hinter dem Orakel wie auch hinter dem modernen Experiment. Wir müssen also kurz auf das Problem des Spielens und besonders des Würfelspieles eingehen.

Wir haben gesehen, daß die Fähigkeit, alles zu zählen, die ganze Unendlichkeit der natürlichen Zahlen ins Bewußtsein zu integrieren, ursprünglich zur Gottheit gehörte – man könnte auch sagen, daß alle Symbole des Selbst diese Fähigkeit haben. In der Bhagavadgita lesen wir z. B., daß der Gott Krishna von sich sagt: »Ich bin das Würfelspiel. Ich bin das Selbst, das im Herzen alles Seienden sitzt. Ich bin Anfang und Mitte und Ende aller Lebewesen. Ich bin Vishnu, die Strahlende Sonne unter den glänzenden Leibern.« Und in der Shatapatha-Brahmana der Yajur-Veda sagt der Feuergott Agni von sich dasselbe. Der Priester wirft die Würfel mit den Worten: »Geheiligt von Svaha, ringe mit Suryas Strahlen um den mittlersten Platz unter den Brüdern! Denn dieses

Spielfeld ist dasselbe wie der große Agni, und diese Würfel sind seine Kohlen.« Agni, der Feuergott, ist also das Spielfeld, und die brennenden Kohlen sind seine Würfel.

Jung kommentiert diese Texte, die er im »Philosophischen Baum« zitiert: »Beide Texte setzen Licht, Sonne und Feuer wie auch den Gott zum Würfelspiel in Beziehung. Ähnlich spricht die Atharva-Veda von dem ›Glanz, der im Wagen, im Würfel, in der Kraft des Stieres, im Wind ist‹«, usw. (Ges. Werke Bd. 13, § 341). Der Glanz entspricht der primitiven Vorstellung von Mana und bedeutet daher etwas, das einen emotionalen oder gefühlsmäßigen Wert hat. Für den primitiven Geist sind die emotionalen Intensitäten das Wichtige und sie werden deshalb mit allen Arten von Faktoren identifiziert – mit Regen, Sturm, Feuer, mit der Kraft des Bullen und der Leidenschaft des Würfelns, weil, wie Jung sagt, in der emotionalen Intensität Spiel und Spieler ineins fallen.

Aufgrund der leidenschaftlichen emotionalen Intensität, von der man beim Spielen gepackt wird, wird man sozusagen selbst das Spiel. Jeder wahre und anständige Spieler ist direkt darin, sein Geist ist davon besessen, er wartet einfach und betet, daß die Würfel auf bestimmte Art fallen. Das ist das große Vergnügen dabei. Man lebt, wenn man spielt. Man ist direkt darin verwikkelt, weshalb Primitive z. B. sogar um ihre Frauen und Kinder und den eigenen Kopf spielen: Wenn ich eine Sechs werfe, darf ich dich köpfen, und wenn du eine Sechs wirfst, darfst du mich köpfen. Und sie tun es. Sie sind so leidenschaftlich, daß sie den eigenen Kopf auf den Spieltisch legen. Das passiert unter den nordamerikanischen Indianern immer wieder, sie spielen um ihren ganzen Besitz – ihre Frauen, Kinder, Pferde, alles. Sie kommen vom Spielfeld zurück mit nichts als ihrem Leben, und manchmal gehen sie so weit, sogar das aufs Spiel zu setzen. Wenn eine solche Leidenschaft da ist, dann wissen wir, daß ein Archetyp am Werk ist, wie diese Indianer und zahlreiche andere Beispiele es zeigen.

Ein berühmtes Wort des griechischen Philosophen Heraklit sagt, daß Aion – die durée créatrice, die ewige, schöpferische, göttliche Zeit – ein Knabe ist, der ein Brettspiel spielt; ein Kind regiert den Kosmos. Dieses Bild deckt sich wieder mit dem Bild vom Gott der Energie, denn Heraklit glaubte, daß die Weltenergie aus Feuer besteht, und die letzte Kontrolle über diese Energie – dieses Feuer, das sich in Materie, Seele, in alle Faktoren, also in Gott, Psyche und reale Dinge verwandelt, dieses eine Feuer – liegt in den Händen eines Kindgottes, der mit dieser Energie einfach ein Brettspiel spielt.

Wieder haben wir hier die Verbindung von psychischer Energie und Spiel. Wenn der Gott, d. h. der Archetyp des Selbst oder der Geist des Unbewußten, spielt, schafft er Schicksal, weil dessen Erschaffung ein synchronistisches Phänomen ist. Darum versucht der Mensch mit Mathematik, Arithmetik und Zahlenorakel, das Brettspiel der Gottheit aufzuspüren.

Richard Wilhelm umschreibt die Funktionsweise des I Ging treffend mit folgendem Bild. Die Beziehungen und Fakten des Buches der Wandlungen können mit dem Netzwerk eines elektrischen Stromkreises, der alles durchdringt, verglichen werden. Es besteht die Möglichkeit, es einzuschalten, aber es leuchtet nur auf, wenn die Person, die eine Frage stellt, den Kontakt mit ihrer bestimmten Situation hergestellt hat. Man sollte deshalb kein I Ging werfen, ohne zuerst zu fragen: »Welche Frage habe ich wirklich im Kopf? Was will ich wirklich fragen?« Dadurch bekommt man Kontakt zu seinem eigenen Unbewußten und bittet es darum, anzudeuten, welches Problem hinter der Frage liegt. »Wie wäre die Situation, wenn man einen neuen Job annähme?«, oder was immer man fragen will. Wenn der Fragende den Kontakt mit der speziellen Situation herstellt, die er im Sinn hat, werden Netzwerk und elektrischer Strom angeschaltet, und die ganze Lage wird für einen Augenblick beleuchtet.

Dies ist natürlich nur ein Gleichnis, das Wilhelm gebraucht, um zu zeigen, was passiert, wenn man das I Ging befragt, aber es ist typisch, daß er es wie ein riesiges Netzwerk darstellt, das unzählige Möglichkeiten einschließt. Indem man eine Frage stellt, drückt man sozusagen einen elektrischen

Schalter, und dann ist ein bestimmter Teil des Netzwerkes eingeschaltet. Diese Vorstellung gehört zur Grundstruktur des chinesischen Weltbildes.

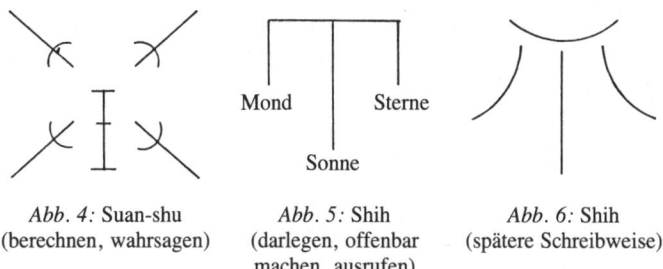

Abb. 4: Suan-shu
(berechnen, wahrsagen)

Abb. 5: Shih
(darlegen, offenbar
machen, ausrufen)

Abb. 6: Shih
(spätere Schreibweise)

In China hat das Wort für Arithmetik, für Rechnen, zwei Wurzeln (Abb. 4). In den alten Texten sind Rechnen und Wahrsagen so nahe beieinander, daß man nicht wissen kann, welches gemeint ist. Es gibt z. B. Texte, wo es heißt: »Meister X war ein großer Meister im Suan-shu. Er konnte den Tod seines Freundes auf die Stunde genau vorhersagen.« Wir könnten nun sagen: »Meister X war ein großer Wahrsager«, oder: »Er war ein großer Mathematiker«, weil ein Mathematiker zu jener Zeit ein Astronom und Astrologe war. Alles mathematische Wissen wurde in China auch zum Zweck des Wahrsagens gebraucht, in solchem Ausmaß, daß man das Wort Suan-shu für beides benutzte. Die andere Wurzel des Wortes für Rechnen ist Shih; es wird in der alten Schreibweise wie in Abb. 5 geschrieben, in der späteren Version wie in Abb. 6. In der ursprünglichen Bedeutung zeigt Shih den Himmel – die drei Linien Sonne, Mond und Sterne – gemäß der Vorstellung, daß der Himmel über die irdischen Dinge herrscht.

Die alten Chinesen glaubten, daß Himmel, Sterne und Sternbilder die Geschehnisse auf der Erde beeinflussen. Dies ist in der Wurzel Shih zusammengefaßt, der göttliche Einfluß, durch den der Wille des Himmels oder das Tao der chinesischen Philosophie die irdischen Dinge regiert. Diese Wurzel Shih wird heute allgemein übersetzt mit »darlegen, offenbaren, bekanntmachen, ausrufen« – sozusagen den verborgenen Willen des Göttlichen, des Tao offenkundig machen. Und das war auch die Wurzel für Rechnen; die Arithmetik war für den ursprünglichen chinesischen Geist nichts anderes als ein Mittel zum Wahrsagen bzw. zum Erraten des göttlichen Willens, der Versuch, ihn durch die Zahl herauszufinden, und das ist in China bis vor kurzem so geblieben.

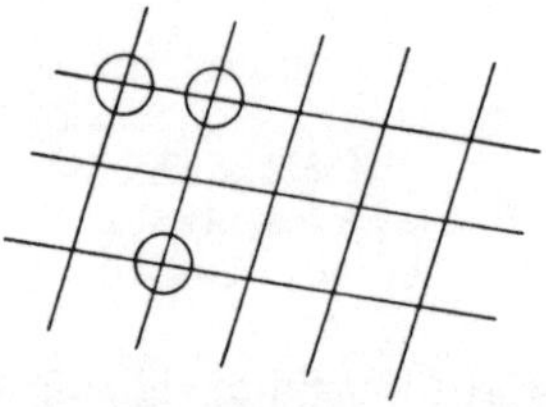

Abb. 7: Archetypen als Punkte im Feld:
Das I Ging wie ein
Netzwerk eines elektrischen
Stromkreises

Wilhelms Beschreibung des I Ging als Netzwerk eines elektrischen Stromkreises, mit dem man ein bestimmtes Problem beleuchtet (Abb. 7), ist nicht zufällig. Wilhelm war von der chinesischen Denkweise so durchdrungen, daß sogar, wenn er einen spontanen Vergleich gebrauchte, er immer den chinesischen Hintergrund vor sich hatte. Im ersten Kapitel habe ich gezeigt, daß die Chinesen einzelne natürliche Zahlen in der Arithmetik benutzten, aber daß sie auch Zahlenkombinationen wie das Lo Shou oder das Ho-tou hatten; sie besaßen also von Anfang an das, was in der modernen westlichen Mathematik eine Matrix genannt wird. Wie Sie sich erinnern werden, habe ich das rechteckige Muster dargestellt, das Reihen und Kolonnen in beliebiger Anzahl enthält. Das wäre eine quadratische Matrix.

Das Rechnen mit einem ganzen Zahlenblock, der in einem bestimmten Feld angeordnet ist, kam in der westlichen Mathematik mit der Entdeckung des sogenannten Galois-Feldes durch den französischen Mathematiker Evariste Galois zur Anwendung, die Idee nämlich, eine Gruppe von meistens vier Zahlen zu mutieren oder permutieren. Diese Galois-Felder werden heute beim Computer und in vielen anderen Formen der Mathematik gebraucht. Die Idee der Matrizen oder solcher Zahlenfelder ist mehr und mehr in die Mathematik eingedrungen. Den Chinesen waren sie vertraut, aber sie haben sie nie weiterentwickelt, obwohl sie die Matrizen in einigen grundlegenden Formen bei ihren Berechnungen von Anfang an benutzten. Eine Matrix würde der archetypischen Vorstellung des Feldes entsprechen. Man könnte es eine Feld-Anordnung von Zahlen nennen, und das Konzept des Feldes durchdringt heute praktisch alle Zweige der Naturwissenschaft.

In der modernen Geometrie z. B. definiert man den Raum als Mannigfaltigkeit, innerhalb derer man nachbarliche Beziehungen bestimmen kann. Das ist die moderne mathematische Definition der Idee des Feldes, und Lancelot L. Whyte gibt eine allgemeine Definition des Feldes, wenn er sagt, daß es ein Netzwerk von Beziehungen in jeder Lage ist; d. h. in jeder Situation gibt es ein agierendes Netzwerk von Beziehungen. Auf der Ebene der elementaren Partikel z. B. besteht das Feld aus der Tendenz, bestimmte geordnete Positionen einzunehmen, sich nicht zufällig zu bewegen, sondern sich in eine bestimmte Ordnung zu fügen. Dieses Feld, betont Whyte, ist nicht nur ein begrifflicher Rahmen, sondern ein aktiver Faktor: Ein elektrodynamisches Feld ordnet die Partikel an und erschafft aktiv eine Ordnung. Mathematisch wird es natürlich am besten durch eine Matrix beschrieben.

Ich möchte nun einen neuen Gedanken einführen, den Jung nicht verwendet hat, der aber, wie ich meine, offenkundig auf der Hand liegt, daß wir nämlich die Idee oder das Konzept des Feldes gebrauchen, um das zu erforschen, was Jung das kollektive Unbewußte nennt – ein Feld, in dem jeder Archetyp ein aktivierter Punkt wäre. Wheeler z. B. definiert Materie als elektrodynamisches Feld, in dem die Partikel die erregten Punkte sind. Ich schlage nun vor, die Hypothese aufzustellen, daß das kollektive Unbewußte ein Feld von psychischer Energie ist, dessen erregte Punkte die Archetypen sind, und gerade so, wie man nachbarschaftliche Beziehungen in einem physikalischen Feld definieren kann, kann man auch benachbarte Beziehungen im Feld des kollektiven Unbewußten definieren.

Hierzu ein Beispiel: Nehmen wir den Archetyp des Weltenbaums oder vielmehr den der Großen Mutter, die oft miteinander verbunden sind. Im Grab des ägyptischen Königs Sethi I. z. B. ist ein Weltenbaum mit einer Brust auf dem Stamm, aus der der König trinkt; er trinkt buchstäblich aus der Brust des Weltenbaumes. Der Baum symbolisiert die kosmische Mutter, die den König nährt. Viele Sagen erzählen, daß die Seelen ungeborener Kinder unter den Blättern des Weltenbaumes leben und von dort hinuntergetragen und auf der Erde geboren werden; wieder ist also der Baum eine Art Mutterschoß, in dem die Erde die ungeborenen Kinder aufbewahrt. Nun wissen wir, daß der Baum mit der Sonne verwandt ist. Es gibt viele Mythen, wo die Sonne jeden Morgen aus einem Baum geboren wird, oder sie wird als goldener Apfel am Baum des Lebens beschrieben. Die Sonne ist sozusagen seine Frucht, entweder erhebt sie sich aus dem Weltenbaum, oder sie ist dessen Frucht. Der Baum ist auch mit der Quelle verwandt. In den meisten Mythen gibt es unter dem Weltenbaum eine Quelle, aus der das Leben kommt.

Die Große Mutter ist ebenfalls mit der Quelle verbunden. Sehr oft ist die Quelle eine Art Mutterschoß der Großen Mutter und hat weibliche Qualitäten. Auch mit dem Tod ist die Große Mutter verwandt. Auf dem Boden ägyptischer Särge z. B. ist Isis abgebildet und auf dem Deckel die Himmelsgöttin Nut, so daß der oder die Tote buchstäblich in den Armen der Großen Mutter ruht. Beim Begräbnis wird der Mensch oft in embryonaler Haltung bestattet, was mit der Vorstellung zu tun hat, daß er wie ein Kind in den Schoß der Mutter Erde zurückkehrt, um von dort wiedergeboren zu werden.

So ist die Große Mutter auch die Todesmutter. In der römischen Mythologie wurde der Tod als schwarze Frau symbolisiert. Das lateinische Wort *mors,* der Tod, ist weiblich, es gab daher einen weiblichen Tod, eine Art dunkler Mutterfigur, die ihre Kinder von der Erde fortnahm. Auch der Baum ist mit dem Tod verbunden, da es in vielen Ländern Baumbestattungen gibt. Viele Eskimo- und andere nordische Stämme wie die Tungusen und Tshukschen hängen die Särge mit den Toten in die Bäume und geben sie so der Großen Mutter zurück. In diesem Fall ist der Baum und nicht die Erde die Mutter, in die der Sarg eingeht. Auch die Tatsache, daß die meisten Särge aus einem großen Baumstamm gemacht wurden, ist symbolisch, denn der Baum ist die Mutter, die die Toten einhüllt und ihnen die Wiedergeburt schenkt.

Ebenso ist der Tod mit der Quelle verbunden. Es gibt viele Sagen, in denen jemand in einen Brunnen springt und so ins Totenreich kommt. Der Brunnen ist der Eingang zur Unterwelt. Die Quellen eines Brunnens entspringen manchmal dem Land der Toten.

Gelegentlich steht der Baumstamm aber auch für den Phallus. Der Baum ist also nicht nur die Große Mutter, sondern auch das Gegenstück, der Vater. Bei der Entstehungsgeschichte gewisser Aztekenstämme ist z. B. das erste Jahr durch einen gebrochenen Baumstamm symbolisiert, aus dem der Sage nach die Stammesangehörigen entsprungen sind. Hier stellt der Baumstamm als Phallus eine Vaterfigur dar; vielleicht sind Ihnen die mittelalterlichen Bilder bekannt, die den Traum Abrahams illustrieren und ihn im Bett liegend zeigen; aus seinem erigierten Penis wächst ein Baum, und die Zweige des Baumes stellen die verschiedenen Vorfahren Christi dar. Abraham träumte, daß aus ihm alle Generationen und schließlich der Heiland kommen würden. Hier ist wieder der Baum ein Phallus und ein Sinnbild der Vaterschaft. Wie Sie wissen, ist der Phallus mit der Sonne verbunden. Die Große Mutter wird oft mit Phallussymbolen dargestellt. Hexen z. B. haben entweder einen Besen oder eine riesige Nase.

Wenn man sich in der Mythologie auskennt, kann man ein vollkommen zusammenhängendes Gewebe aller großen Archetypen untereinander herstellen. Es gibt immer wieder eine Legende oder Sage, die zwei Archetypen in einer neuen Form verbinden, und es ist tragisch, daß die Leute, die über Mythologie schreiben, das nicht realisieren. Sie wählen immer ein Lieblingsthema, sagen wir die Sonne, und dann jagen sie durch alle Mythen und behaupten, daß alles solar ist. Nachher kommt ein anderer und sagt, alles sei lunar, während W. Mannhardt wiederum meint, alles sei der Vegetationsgott, der im Baum aufgehängt worden ist. Für Erich Neumann war alles die uroborische Mutter, usw.[1] Das ist es, was Jung die Kontamination der archetypischen Bilder nennt.

Alle Archetypen sind miteinander verschmolzen. Deshalb ist es, meine ich, ganz gerechtfertigt, die Idee des Feldes auf das kollektive Unbewußte anzuwenden, und man kann dann sagen, daß das Unbewußte ein Feld ist, in dem die erregten Punkte die Archetypen sind und in dem sich benachbarte Beziehungen definieren lassen (Abb. 8). So wie es die Mathematiker vom Raum sagen, kann man auch bei diesem Feld Nachbarschaftsbeziehungen zwischen allen Punkten herstellen. Den Archetyp der Großen Mutter habe ich ganz zufällig herausgegriffen, ebensogut hätte ich den Archetyp der Sonne nehmen und um ihn herum ein Feld konstruieren können oder um etwas anderes, und hätte das Ganze neu geordnet, das ist völlig willkürlich.

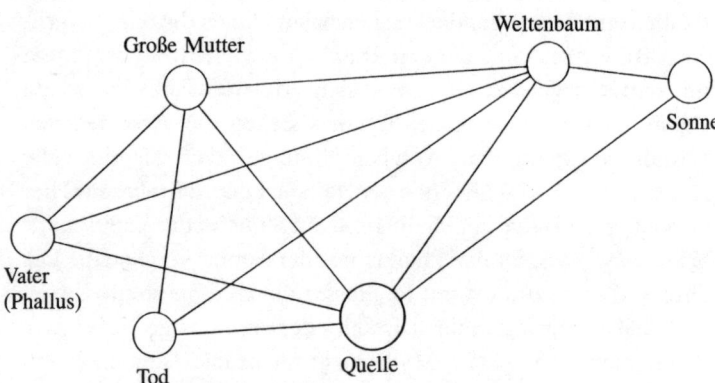

Abb. 8: Beziehungsfeld der Archetypen

[1] Hierzu vgl. W. Mannhardt: Wald- und Feldkulte, 2 Bde. Darmstadt, 1963; sowie Erich Neumann: Die Große Mutter. Eine Phänomenologie der weiblichen Gestalten des Unbewußten. Olten–Freiburg i. Br.: Walter, [6]1983.

Die große Frage ist, ob das Feld des kollektiven Unbewußten ein solch willkürliches, zufälliges Muster von Archetypen ist, oder ob es irgendeine innere Ordnung hat. Jung hat gezeigt, daß es unter den verschiedenen Archetypen einen gibt, der alle anderen umgreift und reguliert, und das ist der Archetyp des Selbst. Man sollte also das Feld nicht wirklich in dieser Weise sehen, sondern man müßte vielmehr ein mathematisch geordnetes Feld konstruieren – was mir bisher noch nicht richtig gelungen ist – und immer den Archetyp des Selbst ins Zentrum setzen. Er ist der mächtigste Archetyp, derjenige, der die Beziehungen aller anderen anordnet und regelt. Sagen wir, er ist ein aktiv ordnendes Zentrum, das die Beziehungen aller anderen Archetypen reguliert und dem Feld des kollektiven Unbewußten eine bestimmte mathematische Ordnung gibt. Jung konstruiert es von einem anderen Blickwinkel her in seinem Buch »Aion« (Ges. Werke Bd. 9, §§ 390 ff.), wo er zeigt, daß das bestmögliche mathematische Modell vom Archetyp des Selbst vier Doppelpyramiden in einem Ring sind.

Wenn man vier solcher Figuren nimmt, eine Kette daraus macht und sie in einen Ring stellt, bekommt man das Modell des Selbst, das Jung aus bestimmtem mythologischen Material ableitete. Das Interessante daran ist, daß man, wenn man den Rhythmus des Ho-tou (Abb. 3) auf eine Linie erstreckt, und daran entlang zählt – 1, 2, 3, 4, 5 bis zur Mitte, 6, 7, 8, 9, 10 bis zur Mitte usw. – auf der Linie immer zum selben Zentrum zurückkommt. Wenn man das Zentrum bis 0, 5, 10 streckt, dann erhält man die Doppelpyramide: 0, 1, 2, 3, 4, 5 – 5, 6, 7, 8, 9, 10 (Abb. 9). Man braucht den Rhythmus des Ho-tou nur in eine Linie auseinanderzuziehen und erhält das mathematische Modell, das Jung in Aion konstruiert hat. Das chinesische Ho-tou spiegelt tatsächlich denselben Rhythmus, den Jung in einem ganz anderen Zusammenhang als Rhythmus des Selbst entdeckt hatte.

Das ist nicht überraschend. Wenn man die Arithmetik oder die Mathematik der meisten Wahrsage-Techniken anschaut, enthalten alle diesen Rhythmus in irgendeiner Variation. Man könnte ihn den Zahlenrhythmus des Selbst nennen, der die Grundlage

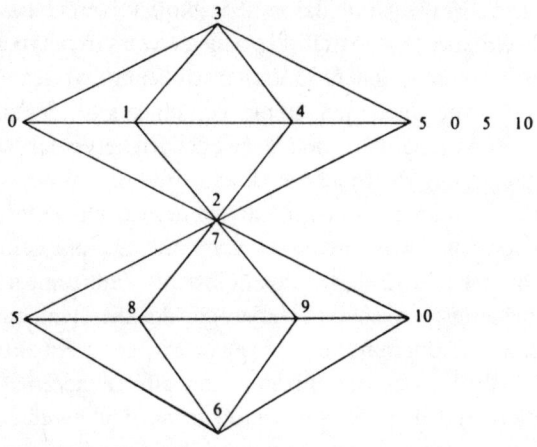

Abb. 9: Intern-Rhythmus des Selbstsymbols

aller Wahrsage-Techniken ist. Die Geomantie z. B. hat denselben Zahlenrhythmus wie das I Ging, nur in umgekehrter Ordnung. Die dynamischen Prozesse werden in der Geomantie durch die Vier repräsentiert und das Ergebnis durch eine Triade; in China werden die dynamischen Prozesse durch Dreiergruppen dargestellt, das Ergebnis durch ein Quaternio. Es sind dieselben Zahlenrhythmen in umgekehrter Reihenfolge, was wohl mit der andersartigen Mentalität zu tun hat. Die Triade weist immer auf Dynamik und daher Aktion innerhalb einer Situation hin, während der Quaternio immer auf die ganze Situation bezogen ist bzw. sie umschreibt.

Die Chinesen sind nicht so sehr an dem interessiert, was sie tun sollen. Ihr Interesse gilt vielmehr der gesamten Situation, damit sie im Wissen darum handeln können. Der westliche Mensch sagt, er werde ohnehin handeln, aber wie ist die Situation? Er zweifelt nicht daran, daß er handeln wird, weil sein Temperament extravertiert ist. Er interessiert sich dafür, wohin die Situation führt oder wozu sie paßt. Die Chinesen verhalten sich genau anders; sie leben die Idee der Ganzheit, und die Aktion ist das, was geschieht. Aber beide haben denselben

86

Zahlenrhythmus, der immer mit dem Zahlenrhythmus des Hotou verbunden werden kann und der in der Konstruktion von Jung der Rhythmus des Selbst ist.

Wir können also nun mit unserer Definition fortfahren und sagen, das kollektive Unbewußte ist ein Feld von psychischer Energie, dessen erregte Punkte die Archetypen sind, und dieses Feld hat einen geordneten Aspekt, der vom Zahlenrhythmus des Selbst bestimmt wird und der, wie man sehen wird, aus Triaden und Vierheiten besteht. Mit Zahlen-Orakeln und Wahrsage-Techniken versucht man, den Prozeß des Archetypus des Selbst zu erfassen. Anhand des Ringes der vier Doppelpyramiden zeigt Jung, daß sich das Selbst in einem Prozeß dauernder innerer Erneuerung befindet. Er vergleicht es mit dem Kohlenstoff-Stickstoff-Zyklus in der Sonne, wo bestimmte Partikel abgestoßen und andere angezogen werden und schließlich ein erneuertes Atom derselben Form ergeben. Es ist, als stoße das Atom Teilchen ab und ziehe andere an, um dadurch seine eigene Form in konstanter Selbsterneuerung zu erhalten.

Soweit wir den Archetyp des Selbst beobachten können, können wir von ihm dasselbe sagen, denn auch er ist nicht statisch, sondern befindet sich in einem dauernden Prozeß der Selbsterneuerung mit bestimmtem Rhythmus. Weil das die herrschende Ordnung bzw. das Feld des kollektiven Unbewußten ist, könnte man sagen, daß Wahrsage-Methoden Versuche sind, durch einen zufälligen Zahlenwurf herauszufinden, wie der Rhythmus des Selbst in einem bestimmten Augenblick ist. Jung beschreibt das, was wir beim Befragen des I Ging tun, folgendermaßen: es ist, als schauten wir auf die Uhr der Weltlage, um den Moment zu definieren, in dem wir gerade sind, wobei das Orakel die innere und äußere Weltlage angibt, durch die wir unsere Handlungsweise leiten lassen.

Nun sollte ich aber noch erklären, was ich bisher einfach vorausgesetzt habe, warum nämlich die Erfinder von Wahrsagetechniken die ganzen natürlichen Zahlen benutzten, um den Pulsschlag oder Rhythmus des Selbst herauszufinden. Wir müssen daher tiefer in das Problem der Energie eindringen und fragen, wie sich die Zahl zur Energie verhält, da Zahlen immer dazu verwendet wurden, um die energetische Situation im kollektiven Unbewußten zu definieren. Warum werden sie und nicht irgendein anderes Hilfsmittel benutzt? Warum die natürlichen ganzen Zahlen? Um das herauszufinden, müssen wir zunächst zur Vorstellung von Energie im allgemeinen zurückkehren. Wie Jung am Schluß seines Buches »Vom Wesen des Psychischen« zeigt, leitet sich das Energie-Konzept ursprünglich vom primitiven Konzept von *energeia* oder *mana* ab, was einfach das höchst Beeindruckende bedeutet (Ges. Werke Bd. 8, § 441). Wann immer etwas enorm oder intensiv beeindruckend ist und einen daher psychisch ergreift, d. h. eine psychologische Wirkung hat, sagen die Primitiven, es sei *mana* oder *mungu,* usw.

Deshalb hatte das ursprüngliche Konzept der Energie mehr mit der Vorstellung von psychischer Intensität zu tun. Allmählich wurde daraus der physikalische Energiebegriff abgeleitet. Das Wort »Energie«, wie es von Aristoteles oder etwa von Heraklit gebraucht wird, ist immer noch voll von mythologischen Assoziationen. Für Heraklit war es noch das Weltfeuer, das nach einem bestimmten Rhythmus pulsiert, ein psychophysischer Faktor. Später fiel der moderne Schöpfer des naturwissenschaftlichen Energiekonzepts, Robert Mayer, auf das alte *mungu-* oder *mana*-Konzept zurück, definierte es jedoch neu, damit es in der modernen Wissenschaft angewendet werden konnte, und heute ist es in der Physik ein vollkommen abstraktes Konzept geworden, das aber insofern einen praktischen Wert hat, als es quantitativ gemessen werden kann.

Der Physiker Eddington z. B. sagt, Energie habe heute in der Physik das Konzept der Substanz ersetzt; sie ist etwas, das quantitativ gemessen und durch die Wahrscheinlichkeitsrechnung beschrieben oder zumindest mit der Wahrscheinlichkeitsrechnung definiert werden kann. Alle anderen Aspekte des ursprünglichen psycho-physischen Konzeptes sind eliminiert worden. Jung hat den energetischen Aspekt aufgenommen und die Idee der psychischen Energie geschaffen. Wir können psychische Prozesse als energetische Prozesse betrachten, die bestimmten Gesetzen folgen. Ein Individuum z. B. stellen wir uns als relativ geschlossenes System vor, die Energie bleibt in ihm erhalten. Wenn daher jemandem im Bewußtsein Energie fehlt, nehmen wir an, daß sie irgendwo im Unbewußten ist, und umgekehrt. Wir rechnen mit einer gewissen Erhaltung der Energie, so daß der Betrag an psychischer Energie, der dem Individuum zur Verfügung steht, mehr oder weniger gleich bleibt, und wenn sie daher in der einen Form verschwindet, erscheint sie in anderer Form wieder, eine Vorstellung, die sich als außerordentlich fruchtbar erwiesen hat.

Jung hebt jedoch hervor, daß psychische Energie nicht quantitativ gemessen werden kann; wir können sie nur mit unserem gefühlsmäßigen Eindruck messen. Nehmen wir an, ein Analysand kommt herein und erzählt mit vollkommen ruhiger Stimme eine Geschichte; er hat genügend Selbstbeherrschung, um seine Emotionen zu kontrollieren. Östliche Menschen können die schrecklichsten Dinge mit heiterem Lächeln erzählen, aber dennoch fühlt man, wenn man sensibel ist, eine furchtbare Wirkung, als ob man einen Schlag erhalten hätte.

Manchmal hat jemand eine furchtbare negative Projektion, einen Haß, und beschließt dann, daß er das dem Analytiker sagen muß; er hat aber gelernt, daß dies auf nette Art geschehen sollte. Also beginnt er folgendermaßen: »Heute muß ich Ihnen sagen, was für einen Widerstand ich habe. Ich hoffe, Sie sind nicht verletzt. Ich weiß, daß es in Wirklichkeit eine Projektion von mir ist, aber ich spüre, daß ich mit Ihnen darüber reden muß und nicht einfach darin schmoren will.« Das kann höchst rührend und völlig vernünftig und psychologisch sein. Diese Person will sagen, daß sie etwas gegen mich hat, und manchmal ist die Wirkung nicht stark, aber manchmal spüre ich einen körperlichen Schock. Wenn der Analysand mich anschreit und beleidigt, ist es natürlich, daß ich schockiert bin, aber man erlebt den Schock sogar, wenn die Energie völlig zurückgehalten wird. Man fühlt sie im Raum wie eine Art Intensität. Ich kann nur ein Bild dafür nennen und sagen: es ist, als würde man von etwas getroffen. Haben Sie schon einmal gesehen, wie jemand Sie haßerfüllt anblickt?

Vielleicht schauen Sie ganz unschuldig in eine Gruppe von Leuten und jemand starrt Sie an, und Sie fühlen sich, als wären Sie negativ körperlich getroffen. Dasselbe kann natürlich auch positiv passieren, aber man merkt es eher, wenn es negativ ist. Auf der positiven Seite ist es mehr eine Art Anziehung.

Beim Vortragen merke ich manchmal, daß ich unbewußt anfange, zu einem Gesicht im Raum zu sprechen; meine Energie fließt immer wieder zu dieser einen Person, und eine Art Strömung entsteht. Man hat nicht unbedingt eine spezielle Sympathie für diese Person, aber es gibt solche Anziehungen. Wahrscheinlich wendet man sich einer Person zu, die leidenschaftlich interessiert ist; man spürt es, als werde man besonders aufmerksam gehört, und wendet sich natürlich in diese Richtung. Nach meiner Erfahrung ist es mehr die Intensität des Hörers als die eigene Vorliebe oder Sympathie. Dies nur, um unsere Gefühlswahrnehmung von psychischer Intensität zu illustrieren. Wir fühlen sie, haben aber keinen physikalischen Apparat, um sie zu messen.

Viele Leute begegnen dem mit dem Einwand, daß wir beim Assoziationsexperiment den Galvanometer haben, mit dem man sofort die psychische Intensität erkennen und messen kann; dieses Argument stimmt jedoch nicht ganz, weil man beim Assoziationsexperiment mit dem Galvanometer nicht die psychische Intensität mißt, sondern nur die Intensität der physiologischen Reaktion. Man bewegt sich immer noch im physikalischen Bereich, denn man mißt einen physikalischen Faktor mit physikalischen Mitteln – d. h. die physiologische Reaktion, die durch die psychische Intensität bewirkt wird –, und das ergibt eine absolut befriedigende Information, da die physiologische Reaktion mit der psychischen Intensität hier gleichwertig ist. Wir können daher die psychische Intensität ganz legitim von der physiologischen Reaktion her schätzen, aber wir messen nicht wirklich einen psychologischen Faktor. Mit anderen Worten, es ist bisher nicht möglich gewesen, psychische Intensität zu messen, und zwar, wie ich meine, wegen unseres spezifischen Gebrauchs der Zahlen.

Beim Messen verwenden wir Zahlen irgendwelcher Art, und

durch sie bestimmen wir die physikalische Energie. Zahlen messen die Quantität bzw. sind Quantitäten; die Zahl fünf z. B. zeigt an, daß hier fünf Äpfel sind. Für uns ist das eine vollkommen eingewurzelte, selbstverständliche Tatsache. Wenn wir zum Ursprung des Gebrauches von Zahlen zurückgehen, sehen wir, daß dies eine völlig einseitige Entwicklung ist. Selbstverständlich und natürlich zeigt die Zahl eine Quantität an – aber in ihrer ursprünglichen Form zeigte sie ebenso auch eine Qualität oder das Muster einer Struktur an. Dieser Aspekt ist verlorengegangen und wurde von der westlichen Entwicklung der Zahlentheorie zurückgelassen, so daß in der modernen Mathematik die Zahl nur noch eine Quantität ist. Deshalb können wir natürlich, wenn wir eine quantitative Zahl benutzen, um physikalische Quantitäten zu messen, diese Zahl nicht dazu verwenden, um psychische Energie zu messen, denn psychische Energie drückt sich ihrem Wesen nach als Qualität aus. Sie ist ein qualitativer Faktor, weshalb wir, wie Jung sagt, psychische Intensität nur mit unserer Fühlfunktion messen können.

Die Fühlfunkion informiert uns, im Gegensatz zur Denkfunktion, über die Qualität der Dinge, sie sagt uns, ob etwas angenehm oder unangenehm, gefährlich oder ungefährlich, bedrohlich oder nicht ist. Sprachlich drücken wir Eigenschaften meistens mit Adjektiven aus. Leute, die viele Adjektive gebrauchen, färben das, was sie sagen, mit ihrem Gefühl, während Denktypen beim Sprechen sehr wenige Adjektive und viele Hauptwörter benutzen; sie sind nur an der Definition von etwas interessiert und ignorieren die Qualität. Künstler verwenden immer viele Adjektive, Wörter, die Eigenschaften ausdrücken. Wenn man z. B. fühlt, daß man mit intensivem Haß angestarrt wird, weiß man durch das Gefühl nicht nur, daß etwas Starkes konstelliert ist, sondern sogar, ob es feindlich oder wohlwollend ist. Man hat keine rationalen Mittel, um das zu erklären. Wenn man beschuldigt wird, völlig verrückt zu sein und Sachen zu erfinden, kann man keine vernünftige Erklärung geben, da es eine Erfahrung der Fühlfunktion ist.

Natürlich kann man sich beim Gefühl wie bei allen anderen

Funktionen täuschen und in solchen Situationen Fehler machen. Man kann Feindseligkeit vermuten, wo keine ist, oder fälschlicherweise annehmen, etwas sei von größter Wichtigkeit, wenn das nicht wirklich so ist; die Wichtigkeit kann irgendwo anders liegen. Man kann sich also nicht mit Sicherheit auf die Fühlfunktion verlassen; wie alle Funktionen ist sie ein Organ der bewußten Wahrnehmung, das uns manchmal täuschen kann, aber sie ist die einzige Art, wie wir uns in der Welt der Qualitäten orientieren können.

Nun wollen wir sehen, was am anderen Ende der Welt passiert ist, nämlich im alten China. Dort hat sich die Zahl genauso einseitig entwickelt, aber sie diente dazu, Qualität und nicht Quantität zu beschreiben. Natürlich wird ein chinesischer Zimmermann oder Maurer seine Wand auch ausmessen, aber der Chinese denkt, daß dies der niedrigste Aspekt der Zahl ist; Handwerker brauchen ihn, aber es ist der vollkommen triviale und uninteressante Aspekt der Zahl. Das Interessante ist, daß Zahlen die Qualität einer Situation spiegeln oder eines »ensemble's«, wie Marcel Granet es definiert.

Auch zur synchronistischen Auffassung der Chinesen müssen wir nun zurückkehren. Im ersten Kapitel habe ich gezeigt, daß die Chinesen nicht fragen, was die Ursache eines Ereignisses ist, sie haben oft keine lineare Vorstellung der Zeit. Wir sagen z. B., die Scheune ist abgebrannt, weil Kinder darin gespielt haben; die Kinder spielten dort mit Streichhölzern, weil ihre Mutter sie in schlechter Laune aus dem Haus gejagt hatte, weil Papa der Mama eine Ohrfeige gegeben hatte; der Grund, warum die Scheune abbrannte, ist also der Vater, der die Mutter geschlagen hat. Das ist die Wirkung von A, B, C, D, die Methode einer polizeilichen Untersuchung. Es ist die Art, wie wir die Dinge betrachten: Immer versuchen wir herauszufinden, warum etwas passierte, wir gehen zur Ursache zurück. Wir enden bei der Wirkung und gehen zurück und rekonstruieren die Folge oder Linie der Ereignisse. Das ist die Kausalität, die bis zum Ende des 19. Jahrhunderts als Gesetz angesehen wurde, obwohl wir jetzt wissen, daß es sie nur als Wahrscheinlichkeit gibt. Die Chinesen hingegen fragten: »Was beliebt gemeinsam zu geschehen?« Und dann untersuchen sie solche Bündel von inneren und äußeren Ereignissen. Abb. 1 (s. oben S. 13) illustriert diese Haltung – verschiedene Ereignisse, die sich um einen bestimmten zeitlichen Moment gruppieren.

Auch wir haben ein Wissen um solche Dinge. Im Sprichwort heißt es z. B.: »Ein Unglück kommt selten allein«. Es gibt eine Neigung zur Bündelung von Ereignissen. Oder wir sagen: »Aller guten Dinge sind drei«. Auch dieser Aberglaube ist weit verbreitet: Wenn jemand zwei Unfälle hatte, dann sagen die Leute: »Bring' den dritten hinter dich«, weil sie spüren, daß es noch einen geben wird, bevor die schlimme Serie aufhört.

Während wir also nur eine Art populären abergläubischen Wissens hinsichtlich der Tendenz haben, daß bestimmte Ereignisse sich zusammenballen können, konzentrieren die Chinesen ihre ganze wissenschaftliche Aufmerksamkeit darauf. Wenn man chinesische Geschichtschroniken liest, steht darin etwa, im Jahre des Drachens sei die Kaiserin mit ihrem Geliebten fortgegangen, die Tartaren fielen ins Land ein, die Ernte mißriet und in Shanghai brach eine Seuche aus. Im nächsten Jahr dann, im Jahre des Tigers, kam die Kaiserin reumütig zurück, ein Drachen tauchte aus dem Tungting-See auf und mußte gebannt werden, und bestimmte andere politische Ereignisse fanden statt. Auf diese Art schrieben sie ihre Geschichte, für sie war es nicht einfach das, was wir eine zufällige Sammlung von Tatsachen nennen würden, sondern ein qualitatives Bild.

Natürlich verachteten westliche Historiker diese Art der Geschichtsschreibung, weil sie sie nicht verstanden. Sie sagten, es sei einfach lächerlich, ein paar zufällige Tatsachen zu sammeln und sie zusammenzutun. Aber für einen chinesischen Leser ist es völlig anders. Er würde sagen: »Aha, so ist das alles gewesen.« Für ihn ist es eine vollständige Information über das Jahr des Drachens; er hat ein intuitives Bild davon, wie die Zeit in gewissen Momenten konstelliert war und daß all diese Dinge zusammen geschehen mußten.

Die Westler realisieren allmählich auch, daß es tatsächlich eine

Tendenz gibt, daß Dinge miteinander geschehen. Das ist nicht einfach eine Phantasie, es gibt eine wahrnehmbare Tendenz der Ereignisse, sich zu bündeln. Soweit wir sehen können, hat das mit den Archetypen zu tun; wenn nämlich ein bestimmter Archetyp im kollektiven Unbewußten konstelliert ist, dann neigen bestimmte Ereignisse dazu, zusammen zu geschehen. In unserer Geschichtsschreibung wird von diesen Dingen nur ein Beispiel vermerkt – wenn nämlich ein Wissenschaftler eine Entdeckung macht, oder wenn eine große Erfindung gemacht wird, die die Lage der Menschheit tatsächlich verändert, dann besteht die Tendenz, daß verschiedene Wissenschaftler zur selben Zeit und im selben Jahr ganz unabhängig voneinander dieselbe Idee haben. Oder im selben Jahr wird eine Erfindung von zwei Männern gemacht, die nichts voneinander wissen. Dann folgt ein Disput, ob es ein Plagiat ist und sie nicht doch voneinander wußten und nicht der eine vom andern gestohlen hat, aber in vielen solchen Fällen kann wirklich bewiesen werden, daß es keine Verbindung gab. Die beiden haben einfach dasselbe zur selben Zeit herausgefunden. Das ist die chinesische Betrachtungsweise, und dies das einzige Gebiet, auf dem sie auch vom westlichen Geist anerkannt wird. In einer ehrlichen Geschichte der Wissenschaft kann man solche Beobachtungen finden, nämlich daß bestimmte Ideen und Erfindungen seltsamerweise die Neigung haben, an verschiedenen Orten zur selben Zeit aufzutauchen.

Vom psychologischen Standpunkt aus ist das keine so sonderbare Sache. Im Zeitgeist sind gewisse Fragen und psychologische Probleme sozusagen konstelliert. Mehrere kluge Leute haben dann dieselbe Frage im Sinn, jagen dieselbe Allee entlang und kommen zu denselben Ergebnissen, und das, weil im kollektiven Unbewußten ein Archetyp konstelliert ist. An anderer Stelle (s. oben S. 85–86) habe ich zu zeigen versucht, welcher Archetyp meiner Meinung nach heute im kollektiven Unbewußten konstelliert ist, nämlich der Archetyp des vollständigen Menschen, des Anthropos. Viele Ereignisse unserer Zeit, von denen man in der Zeitung liest, können dadurch erklärt werden, daß alle auf denselben Faktor hinweisen, eben die Konstellation dieses Archetyps, der nun in tausend Formen auftaucht.

Die Chinesen haben ein intuitives Wissen darüber und dachten deshalb, daß die beste Art, Geschichte zu schreiben, die war, ein reales Bild von einem Zeitmoment der Vergangenheit zu erhalten, indem alle diese zusammentreffenden Ereignisse gesammelt wurden, die dann zusammen ein lesbares Bild der archetypischen Situation jener Zeit ergeben. Und dies wiederum führt uns zur Idee eines Feldes: Die Ereignisse, so könnte man sagen, manifestieren sich in einem geordneten Zeitfeld, und das ist die Art, wie die Chinesen die Zahl verwenden. Die Zahl gibt eine Information über das zeitgebundene Miteinander von Ereignissen. In jedem Moment gibt es ein anderes Ensemble, und die Zahl vermittelt die Information in bezug auf die qualitative Struktur der zeitgebundenen Ballung von Ereignissen. Das hört sich kompliziert an, aber es ist die einfachste Art, wie ich es sagen kann. Wenn wir fair sind, denke ich, müssen wir einsehen, daß die Zahl eine archetypische Repräsentation oder Idee ist, die einen quantitativen *und* einen qualitativen Aspekt hat.

Bevor wir nun das ganze Problem des Wahrsagens angehen können, müssen wir unsere Sicht von Zahlen und Mathematik revidieren. Danach können wir uns mit bestimmten anderen Faktoren befassen, die wir bis jetzt zugegebenermaßen nicht messen, sondern denen wir uns nur mit der Fühlfunktion nähern konnten.

In China gab tatsächlich die Zahl Information über Gefühl und Ethik. Lassen Sie für einen Augenblick Ihr Vorurteil fallen, daß es Taten gibt, die an sich gut oder schlecht sind – was wirklich völliger Unsinn ist, weil es sie nicht gibt –, und sagen Sie sich, daß eine ethische Handlung immer davon abhängt, wer was in welchem Augenblick tut. Natürlich kann man darüber streiten! Nehmen wir z. B. Mord – Sie könnten sagen, daß Mord immer ein Verbrechen ist, aber ich würde antworten: »Entschuldigung, aber was ist mit Wilhelm Tell? Und was wäre mit einem Mann, der Hitler 1935 erschossen hätte? Würden Sie ihn nicht eine höchst moralische Person und den größten Helden der Geschichte nennen? Sogar Mord hängt davon ab, wer was tut, in welchem Moment, in welchem Maße und bis zu welchem Grade.« Aber Ihr Gefühl würde sich auflehnen und sagen:»Nein, das fällt nicht in die Kategorie Mord, das ist etwas anderes.« Es gehört aber doch in die Kategorie Mord, denn ein Mensch hat einen anderen absichtlich getötet.

Es gibt, wie man sehen kann, nichts absolut Gutes oder Böses. Unser Gefühl funktioniert anders und ist davon abhängig, wer was tut und in welchem Zusammenhang. Hier kommt die Idee des Maßes hinzu. Ein Analytiker weiß das. Wenn man einem Analysanden etwas über gewisse unangenehme Schattenseiten bei ihm sagen muß, wird die Intensität, mit der man das tut, von den Umständen abhängen. Wenn man ein wenig zu eindringlich ist, wird sich bei ihm hartnäckiger Widerstand erheben, und das Ganze ist blockiert; macht man es zu freundlich und übt keinen Druck aus, hört der andere vielleicht zu und sagt »Ja, ja« und vergißt es wieder, weil es keinen Eindruck gemacht hat. Es gibt ein Maß für das, was gefordert ist, und ob man es richtig oder falsch macht, hängt genau von der emotionalen Intensität ab. Bei zu großer Intensität blockt der andere ab, und wird es zu freundlich gesagt, geht es zum einen Ohr hinein und zum andern heraus.

Jung sagte z. B., daß Verrückte »Elektro-Schocks« brauchen, daß er sie ihnen aber nie mittels einer Maschine, sondern persönlich geben würde, und sei es mit Anschreien, weil er sie dann mit seinem Gefühl bemessen könnte. Dann kann man genau einschätzen, wie groß oder wie klein der Schock sein muß, um die betreffende Person aufzuwecken. Manchmal, wenn jemand sich in einem Zustand emotionaler Besessenheit befindet, ist es die einzige Art, ihn vor dem Überschnappen zu retten, wenn man ihn schlägt, entweder mit Worten oder körperlich, doch das hängt alles vom Maß ab, und dazu ist die Fühlfunktion erforderlich. Nur durch das eigene Gefühl kann man wissen, wie sehr die Stimme erhoben werden muß oder ob etwa bei einer empfindlichen Person die furchtbare Sache nur geflüstert werden darf und sie dann sofort beruhigt werden muß, indem man sagt:»Ach, das ist natürlich nicht so wichtig, jeder hat das.« Sogar dann wird der andere bleich und ist schockiert. All dies liegt im Gefühlsbereich – die Fühlfunktion gibt die Information und das Maß.

Hier hat also das Gefühl mit dem Maß zu tun. Warum sollte es dann nicht auch mit der Zahl zu tun haben?

4 Die Zahl als quantitative Bestimmung und als qualitatives Symbol

Daß die Archetypen als in einem Feld angeordnet betrachtet werden können, ist eine sehr alte Vorstellung. Schon Platon versuchte, ein Feld der Ideen in der Form einer Pyramide zu konstruieren (Abb. 10). Wahrscheinlich hatte er die pythagoreische Tetraktys im Sinn, wo die Idee des Guten ein Faktor höchster Ordnung wäre – in Platons Philosophie ist es das Bild Gottes oder des Selbst, dem er alle anderen Archetypen unterordnet.

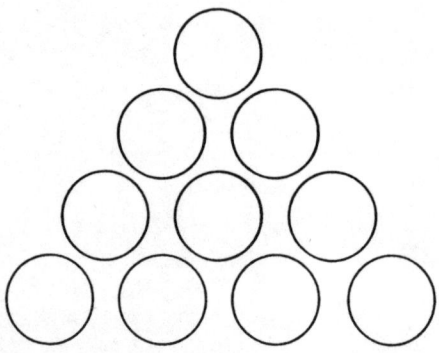

Abb. 10: Platonische Ideenpyramide: Ein Bild des Selbst

Jung erwähnt in seinem Aufsatz über die Synchronizität ein anderes Muster. In der Vergangenheit sind verschiedene Versuche gemacht worden, den Archetypen bestimmte Zahlen in bestimmter Anordnung zuzuordnen und so ein zahlenmäßig orientiertes Feld zu errichten. Jung nennt Ägidius von Vadis, Agrippa von Nettesheim und einige andere. Ägidius von Vadis z. B. sagt, daß alle Elemente (die wir archetypische Bilder nennen würden) mit bestimmten Zahlen verbunden sind. In der ganzen Antike und besonders wieder in der Renaissance gab es zahlreiche Versuche, solche Felder zu konstruieren, aber ich möchte darauf nicht näher eingehen. Ich erwähne es nur, um zu zeigen, daß diese Idee immer in den Köpfen der Leute herumgegangen ist, die eine Ahnung hatten, daß es ein solches Geordnetsein der Archetypen geben müßte.

Wir müssen uns nun aber trotzdem fragen, was der Unterschied zwischen den Archetypen der Zahl, den zahlenmäßigen Darstellungen und jenen bildhafter Darstellungen ist. Wenn wir z. B. die Zahl zwei als archetypische Idee oder Darstellung nehmen, so ist sie viel abstrakter als der Archetyp des Helden oder der Archetyp der Großen Mutter. Wir haben also einerseits ein mythologisches Bild und andererseits etwas Abstraktes, eine Zahl. In der Vergangenheit sagten die Leute einfach, das Gottesbild ist eins, die Gottesmutter zwei, usw.; sie schrieben bestimmten Zahlen einfach bestimmte Archetypen zu. Es gibt unzählige Variationen davon. Wenn man alle diese vergangenen Muster anschaut, kann man daraus überhaupt keine Ordnung konstruieren. Wie bei den Mythen gibt es unzählige nationale und kulturelle Variationen, und man kann daraus keine absolute Ordnung ableiten. Deshalb müssen wir uns fragen, was der Unterschied zwischen Zahl und archetypischem Bild ist. Wenn ich z. B. sage: »Der Archetyp der Zahl zwei«, liegt die Betonung auf der Ordnung, während bei »der Archetyp des Gottesbildes« die Betonung auf einer komplexen psychologischen Gefühlserfahrung und nicht speziell auf dem Ordnungsaspekt liegt. Deshalb könnte man sagen, daß Zahlen besonders den Ordnungsaspekt eines Archetypus betonen.

Es gibt sogar ein mythologisches System, das der Mayas, das die Zahlen so eng mit archetypischen Darstellungen verbindet, daß sie in den Namen enthalten sind. Der große Held im Buch des Rates heißt beispielsweise Hunabku – der Name kommt von Hun, der Eine. Es gibt einen anderen Helden namens Sieben-Jäger. Dann gibt es die Acht-Götter, und in jedem ihrer Namen ist eine Zahl enthalten. Bei dieser Vorstellung der Mayas kommt man zum Ursprung der Idee zurück, nämlich zur Zeitfolge, denn jeder Gottheit dieser Religion ist ein Tag des Kalenderjahres zugeteilt. Die Zahl hat also mit dem Verlauf der Zeit zu tun, und ich denke, das ist die wesentliche Verbindung: Wenn wir Archetypen oder archetypische Darstellungen betrachten, bei denen Zeitfolgen erscheinen, dann gibt es eine bestimmte Gesetzmäßigkeit und Ordnung. So sind die Zahlen, wenn sie mit bestimmten mythologischen Darstellungen identifiziert werden, das, was man Zeit-Zahlen nennen könnte, denn sie bezeichnen einen bestimmten Augenblick in der Zeit.

Dasselbe gilt auch für das Mandala. Ich habe vorhin gezeigt, daß der Archetyp des Selbst und seine mathematischen Strukturen die Grundordnung solcher Felder von mythologischen Darstellungen verkörpern. Wir wissen, daß der Archetyp des Selbst sehr oft in einer mathematischen oder zahlenmäßigen Struktur erscheint, nämlich als Mandala, das eine der weitverbreitetsten Darstellungen ist. Jung sagt, daß das Mandala durch sein Zentrum die letzte Einheit aller Archetypen symbolisiert. Sie erinnern sich daran, daß alles alles ist, daß man immer alle Archetypen miteinander verbinden kann. Es gibt daher immer diese geheime Einheit. In Jungscher Terminologie sind alle Archetypen miteinander verschmolzen und daher letztlich eins; das Mandala symbolisiert durch sein Zentrum diese Einheit, aber auch die Vielfalt der Welt der Erscheinung.

Deshalb handelt es sich hier um eine empirische Entsprechung zur metaphysischen Idee des *unus mundus*. Ich werde später noch auf diesen Ausdruck zurückkommen. Wenn sich das Eine in vielen Formen zeigt, darf man es sich jedoch nicht als etwas Unzusammenhängendes vorstellen, denn wenn alle Archetypen immer eine Einheit sind, kann man sie nicht zerschneiden, oder man tut es willkürlich, und dann ergibt es keinen Sinn. Um die Einheit zu beobachten, ist es besser, sich einen Kristall mit vielen Facetten vorzustellen. Wenn sich der Kristall dreht oder seine Position verändert, sieht man immer neue Facetten; wir nehmen also scheinbar viele Dinge wahr, aber in Wirklichkeit sind sie verschiedene Aspekte eines einzigen Kristalls.

Das kollektive Unbewußte können wir uns daher so vorstellen, daß es letztlich immer das Selbst ist oder dieses eine Ding, das unser Begreifen übersteigt. Wenn wir also vom Archetyp des Helden oder des Sonnengottes träumen, ist es, als sähen wir eine Facette, und bei einer Drehung sehen wir eine andere Facette derselben Sache. Von diesem Blickwinkel aus betrachtet kommt die Zeit dazu, denn welche Facette sieht man zuerst? Es gibt eine zeitliche Reihenfolge in dem, was man wahrnimmt. Das zeigen die Mythen, in denen nicht nur typische Figuren auftreten: In den Märchen z. B. oder in den verschiedenen Mythen tauchen die typischen Gestalten des Königs oder des Dummlings oder der Hexe und der hilfreichen Tiere immer wieder in verschiedenen Formen auf.

Ein umfassender Überblick über die vielen mythologischen Systeme zeigt, daß bestimmte Grundelemente immer beibehalten werden: das göttliche Kind, der Held, die Schlange, der Drachen, der Feind des Helden, usw. Sie sind aber nicht nur typische Bilder, sondern beinhalten auch typische Sequenzen und Verbindungen, nämlich wo die Perle ist, ist immer auch der Drachen, und wo der Drachen ist, immer eine Perle. Oder man kann im voraus sagen, daß der Held, wenn er von einem hilfreichen Tier begleitet wird, immer siegreich ist. In allen Mythen und Märchen, die ich untersucht habe, gab es nie den Fall, daß der Held mit den hilfreichen Tieren nicht gewonnen hätte. Wenn er ein hilfreiches und dankbares Tier aufnimmt, das ihm seine Hilfe versprochen hat, kann man mit absoluter Sicherheit voraussagen, daß es keine Tragödie, sondern ein happy end geben wird. Auf diese Weise kann man im Märchen die zeitliche Reihenfolge vorhersagen und auch mit einer gewissen Genauigkeit, was geschehen wird. Das bedeutet, daß es nicht nur typische Motive, sondern auch typische Zeitfolgen archetypischer Ereignisse gibt.

Der Physiker Wolfgang Pauli meinte sogar, dies könnte eine Erklärung für das Phänomen des Vorherwissens liefern – daß wir nämlich unbewußt wissen, welcher Archetyp gerade konstelliert ist, und dadurch vorhersagen können, was als nächstes kommt. Mit anderen Worten, das Phänomen des Vorherwissens basiert auf einer Zeitordnung der Archetypen.

Interessant in diesem Zusammenhang ist zu sehen, daß das Wort »erzählen« vom Wort »Zahl« abgeleitet ist. Erzählen heißt ein archetypisches Bild »zählen«. Auf französisch heißt erzählen *raconter,* was auch mit *compter,* zählen, aufzählen, verwandt ist. Wie meine Schülerin Nora Mindell mir gesagt hat, heißt im Chinesischen das Wort für aufzählen *suan,* für zählen *chi* = Ursprung, von *lai,* was bedeutet: was geschehen wird – also den Ursprung dessen zählen, was geschehen wird.

An diesen etymologischen Strukturen sieht man, daß der Mensch ursprünglich gewußt haben muß, daß das Erzählen einer archetypischen Geschichte wie Zählen ist. Sie folgt einem bestimmten geordneten Rhythmus von Ereignissen. Lange bevor ich über diese Dinge nachgedacht habe, entdeckte ich, daß es bei der Märchendeutung nützlich ist, die Figuren zu zählen, die darin vorkommen, und dann von den Ereignissen ein Schema in Form von Zahlen anzufertigen. Um zu zeigen, was ich meine, möchte ich hier ein solches Märchen vorstellen:

Im russischen Märchen »Die Jungfrau Zar« hat der regierende Zar drei Söhne. Zwei sind normal, der dritte ist der verachtete Dummling, der hinterm Ofen sitzt und sich kratzt und den keiner ernstnimmt. Wie üblich ist das, was fehlt, das weibliche Element. Es gibt einen Quaternio, eine vollständige Ganzheit, jedoch ohne Frau. In der herrschenden bewußten Einstellung fehlt das weibliche Element. Es gibt eine religiöse Idee, die die Ganzheit in ihrem männlichen Aspekt vollkommen ausdrückt, den begleitenden weiblichen Aspekt aber außer acht läßt, so daß wir leicht erraten können, daß die Geschichte davon handeln wird, wie das Weibliche gefunden und integriert werden kann.

Die drei Söhne gehen ins Königreich »Unter der Sonne«, um den Spuren ihres Vaters nachzugehen und zu sehen, von wo er ihre verstorbene Mutter geholt hat. Zwei Söhne gehen, wie gewöhnlich, fehl. Der dritte jedoch kommt zu den drei Hexen, die alle Baba Yaga heißen, die große klassische Hexe des russischen Märchens, eine Art verschlingende Große Mutter. Diese drei Baba Yagas sind Schwestern, drei Aspekte derselben Sache, und sie haben eine Nichte, die keine Hexe ist, sondern eine schöne

Jungfrau namens »Maria mit dem Goldenen Zopf«. Den Rest können Sie erraten: Der dritte Sohn begegnet den Hexen, die ihn zu Maria schicken, und nach langen Wirrnissen, auf die ich nicht weiter eingehen will, heiratet er Maria. Dann geht er mit ihr in ein anderes Königreich, und Maria bekommt Zwillinge (Abb. 11).

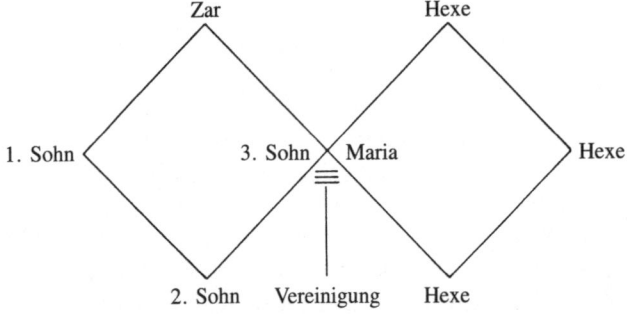

Abb. 11: Personen-Quaternionen im Märchen

Nun sehen Sie die Arithmetik der Geschichte: Da ist eine rein männliche Vierheit im kollektiven Bewußtsein und eine rein weibliche Vierheit im kollektiven Unbewußten. Ein dynamischer Prozeß, der das »Zählen« der Geschichte ist, endet mit drei Männern und einer Frau. Das Männliche überwiegt immer noch, aber es gibt eine Frau. Daher führt der Prozeß nun zu einem Symbol der Ganzheit, in der das Weibliche repräsentiert ist. Auch bedeuten die Zwillinge, die kleinen Kinder, Erneuerung. Die Vierheit wird also erneuert, sie hat wieder eine Zukunft, und das weibliche Element ist darin enthalten. Die beiden ältesten Söhne des Zaren werden zum Tode verurteilt, es bleibt also ein alter Quaternio mit dem Zaren und den drei Hexen übrig, während ein neuer Quaternio, der das wahre Ergebnis der Geschichte ist, aus Iwan, Maria und ihren beiden Kindern besteht (Abb. 12). Die Zukunft geht weiter und die psychische Energie fließt wieder.

In allen archetypischen Erzählungen gibt es also eine ganz bestimmte Zeit- und Zahlenfolge. Nicht immer – wenn auch sehr oft – ist sie ein Spiel von Vierheiten, aber normalerweise gibt es

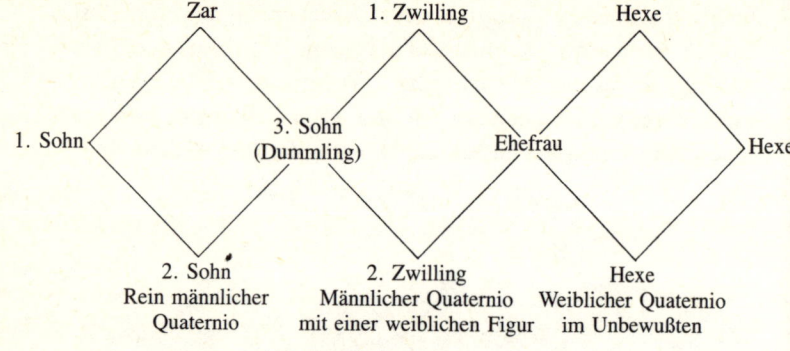

Abb. 12: Rhythmen einer Erzählung

in den Märchen Triaden und Quaternios, die »tanzen«, und man kann daran das Vorhandensein einer absoluten arithmetischen Struktur sehen. Ich habe z. B. kein einziges Märchen gefunden, das mit »Ein König hatte drei Söhne . . .« anfing und bei dem es nicht um das Problem der Integration des Weiblichen ging. Ohne das Märchen zu kennen, kann man also vorhersagen, daß es irgendwie diesen Verlauf nehmen wird. Man kann die Zeitfolge voraussagen und bis zu einem gewissen Grad auch, auf welche Weise das Spiel der Archetypen die nächste Facette des großen Kristalles bestimmen und wie er sich drehen wird. Weil offensichtlich die Menschen dies wußten, finden wir in vielen Sprachen die Verbindung zwischen dem »Erzählen« einer Geschichte und der Idee der Zahl. Damit kommt das Problem von Energie und Zeit herein, mit dem ich mich nun befassen will.

In der russischen Erzählung gibt es einen energetischen Prozeß: Eine Vierheit ist an ein Ende gekommen, ist stecken geblieben, und dann wird der Energiefluß durch die Suchfahrt des jüngsten Sohnes wieder in Gang gebracht, der das erwünschte Ergebnis, die neue Vierheit, herbeiführt. Hier bricht die Geschichte ab. Alle Märchen und Mythen brechen an einem bestimmten Punkt ab, aber das ist nie endgültig; es ist wie eine ewige Melodie oder wie ein musikalisches Potpourri, wo nach einer bestimmten Melodie eine Spannungs-Note kommt und dann eine andere Melodie folgt. So ist es bei allen Märchen, sie enden immer mit einer leichten Spannung, einem Fragezeichen. In »Die Jungfrau Zar« z. B. handelt es sich um ein nicht ganz ausbalanciertes Endergebnis, weil nur eine Frau da ist und nicht zwei Männer und zwei Frauen, aber immerhin ist es eine Verbesserung der vorherigen Situation. Man kann sich also leicht eine Geschichte vorstellen, in der ein König und eine Königin vorkommen, deren zwei Kinder von einem Drachen geraubt werden, usw. Es gibt solche Geschichten, die weitergehen, bis sie zu einem anderen Resultat kommen.

Das ist nicht eine willkürliche Annahme von mir, sondern so arbeiten die echten Geschichtenerzähler. Orientalische Märchenerzähler sitzen auf dem Marktplatz und machen immer weiter, den ganzen Tag. Die Leute hören eine Weile zu, zahlen ihren Bakschisch und gehen weg, aber der Geschichtenerzähler fährt fort, und die Leute, die nichts zu tun haben – und das geht im Orient den meisten so – sitzen und hören den ganzen Tag lang zu, und dann müssen sie ein bißchen mehr bezahlen. Und was tut der orientalische Märchenerzähler? Er nimmt immer die Spannungsnote wahr, beginnt mit einer neuen Geschichte und stellt eine neue Kette von Ereignissen her, wie wir das an den überlieferten Märchen sehen können. In den europäischen Märchensammlungen z. B. sind die Märchen relativ kurz; was hier drei oder vier Geschichten wären, ist dagegen in einem orientalischen Märchenband ganz akkurat miteinander verbunden. Es gibt dort keine Spaltung; die Erzähler haben eine solche Gefühlsbeziehung zu den archetypischen Verbindungen, daß sie immer wissen, welches Märchen die Fortsetzung des letzten ist, und dann die neue Melodie beginnen, woraus diese langen Ketten von Erzählungen entstehen, die in unseren Ländern mehrere einzelne Geschichten ergeben.

Man kann deshalb sagen, daß »erzählen« ein Durch-die-Zeit-Gehen in einem bestimmten Rhythmus ist – gehen und gehen und immer weiter gehen, im Rhythmus des Archetyps, und das hat eine geheime Ordnung. Man kann darum nicht mit irgendeiner Geschichte anfangen. Wir können z. B. nicht Schneewittchen oder Rotkäppchen an unsere Geschichte anhängen, aber man könnte eine Erzählung von einer Königin anschließen, die Zwillinge hat, und von einer Hexe, die sie verleumdet und ihrem Mann, der im Krieg ist, sagt, sie habe Hunde geboren, usw. Man kann auf eine bestimmte Weise nur fortfahren, wenn ein Resultat erreicht ist, und dann auf keine andere Weise, und gerade das bestätigt die geheime Ordnung in der Abfolge der Archetypen. Sie können nicht willkürlich verknüpft werden, sondern nur in einer unendlichen Reihenfolge solcher bestimmter Rhythmen. Eine archetypische Erzählung verkörpert wie ein Traum eine Selbstdarstellung des psychischen Energieflusses.

Auch C. G. Jung, der das Konzept der psychischen Energie einführte, betrachtete die Träume im selben Zusammenhang als Fluß von Ereignissen, eine Folge von Bildern, die einen bestimmten Energiestrom darstellen oder visualisieren. Deshalb ist bei den Träumen die Lysis oder Katastrophe, mit der im allgemeinen alle aufhören, so wichtig, denn sie zeigt an, wohin der Energiefluß zielt. Wenn ich während der Analysestunde einen Traum höre, denke ich immer »und dann, und dann?« und behalte den Schlußsatz des Traumes im Gedächtnis. Manchmal lassen die Leute ihn im Sande verlaufen, und ich frage: »Ist das wirklich der Schluß des Traumes?« »Ja, da bin ich aufgewacht« – und dann weiß ich, daß der Strom der psychischen Energie genau bis dahin gegangen ist. Man weiß dann, wo der Lebensstrom unterhalb des Bewußtseins hinfließt, man kennt seine Richtung. Auch der erste Satz des Traumes ist wichtig, weil er die gegenwärtige Situation anzeigt, er zeigt, wo der Träumer jetzt in dieser Welt der Verwirrung steht. Dann kommt eine Folge von Ereignissen, und der Schlußsatz gibt die Richtung des Energieflusses an.

Wir betrachten deshalb die Träume als einen energetischen Prozeß, als Visualisierung des Energieflusses im Unbewußten, und dasselbe gilt auch für mythologische Träume, für Märchen und Mythen, die archetypischen Formen dieser Manifestation des Unbewußten. Stets kann man sie vom energetischen Standpunkt aus betrachten. Deshalb habe ich am Schluß des vorigen Kapitels vom Problem der Beziehung zwischen physischer und psychischer Energie gesprochen und gezeigt, daß wir zwar die physische Energie quantitativ messen können, bis jetzt aber kein Mittel haben, um die Qualität psychischer Energie zu messen, außer durch die Wahrnehmung der Gefühlsintensität. Das vorige Kapitel habe ich beendet, indem ich von dieser Gefühlswahrnehmung sprach, durch die man bei jemandem, der vielleicht ganz ruhig über etwas redet, dennoch eine furchtbare Ladung von Energie hinter dem Gesagten spürt. Es ist die Fühlfunktion, die uns diese Orientierung gibt.

Man hat mich gefragt, warum ich psychische Energie eine qualitative Erscheinung und physische Energie eine quantitative nenne. Ich habe das auf sehr einseitige Art getan, indem ich diese beiden Gegensätze überbetonte, um die Gegensätzlichkeit von Qualität und Quantität hervorzuheben. Gewöhnlich sprechen wir von der Psyche als einer Welt der Qualität. Die physische Energie hingegen zeigt sich nicht in Bildern, wir können sie nur quantitativ verstehen. Psychische Energie oder eine psychische Konstellation oder Situation manifestiert sich jedoch in Symbolen, die wir nur qualitativ beschreiben können. Also sprechen wir allgemein von der Welt der Psyche und von psychischer Energie als einem qualitativen Phänomen und von der Welt der physikalischen Energie als einer quantitativen Erscheinung.

Es ist jedoch wahrscheinlich, daß psychische und physische Energie einfach verschiedene Formen ein und derselben Sache sind, wie Jung in »Vom Wesen der Psyche« zeigt. Daher hat die Energie, die sich qualitativ zeigt, tatsächlich einen verborgenen quantitativen Aspekt und umgekehrt. Moderne Physiker sagen, daß ein Sprung des Quantums oder etwa der Sprung eines Elektrons auf eine andere Frequenz-Bahn die Struktur eines Atoms nicht nur quantitativ, sondern auch qualitativ verändert und man daher Quantität und Qualität nicht wirklich trennen kann, sie sind komplementäre Begriffe. Ich meine, sie existieren nicht objektiv. Wir können dieselbe Sache quantitativ und qualitativ anschauen, und sogar die physikalische Energie hat, wie Viktor Weißkopf zeigt, einen qualitativen Aspekt, insofern sie verschiedene Strukturen bedingt. Ein Wechsel in der Quantität führt zu einer Veränderung der Struktur und damit zur Veränderung der von uns so genannten Qualität.

Man kann also sagen, daß sogar physikalische Energie, die wir quantitativ messen und gewöhnlich vom quantitativen Standpunkt aus betrachten, einen verborgenen qualitativen Aspekt hat; aber es stimmt auch, daß psychische Energie, die wir hauptsächlich als qualitative Manifestation betrachten – z. B. als Bild – einen latenten quantitativen Aspekt hat, der in der Wirkung größerer oder geringerer Intensität besteht. Gerade die Tatsache, daß wir von etwas mehr oder weniger Eindrucksvollem sprechen, zeigt, daß es auch eine quantitative und nicht nur eine qualitative Feststellung ist.

Unser westliches Vorurteil ist es nun, daß die Zahl nur Quantitäten zählen oder ausdrücken kann; sie ist für uns das Instrument, mit dem man Mengen zählt. Wir denken an einen oder zwei Äpfel oder Kartoffeln, und das ist dann deren Quantität. Wenn aber die Zahl nach Jungs Hypothese der Archetyp ist, der die Welt der Psyche und die der Materie vereinigt, dann muß sie auch etwas von der Welt der Qualität haben, und hier war es für mich aufschlußreich, zu entdecken, daß die Zahl in China vollkommen qualitativ gebraucht wurde.

Marcel Granet hat in »Das Chinesische Denken« gezeigt, daß die Zahl bei den Chinesen qualitative »Embleme« darstellt. Wenn z. B. etwas Eins ist, weist es auf das Ganze, das Universum und seine Gesetzmäßigkeit, das Tao, hin. Wenn etwas Zwei ist, weist es auf die beobachtbare Realität in all ihren Bereichen hin: in der Musik, im Gefühl, sozusagen überall. Die Zahl übermittelt dem chinesischen Geist, mit anderen Worten, eine qualitative Assoziation. Das geht so weit, daß ich beim Lesen von Granets Buch zuerst große Mühe hatte, bis ich zu einer Geschichte kam, die er darin erzählt und die wirklich so schockierend ist, daß sie mich aufweckte. Sie geht folgendermaßen: Es waren einmal elf Generäle, die mußten sich entscheiden, ob sie in einer Schlacht angreifen oder sich zurückziehen sollten. Sie hielten eine Zusammenkunft ab, und einige waren für den Angriff, die andern für den Rückzug. Sie hatten eine lange strategische Diskussion und stimmten schließlich ab: drei waren für Angriff, acht für Rückzug, und deshalb beschlossen sie, anzugreifen, denn Drei ist die Zahl der Einmütigkeit!

Die Drei hat also in China die Qualität der Einmütigkeit, und durch den Zufall, daß drei Leute für den Angriff waren, kam die Qualität der Zahl Drei ins Spiel, und deshalb war deren Meinung die richtige. Ein Chinese würde vielleicht sagen, daß unterschwellig und unbewußt die Übereinstimmung herrschte, anzugreifen, trotz der Tatsache, daß nur drei Leute bewußt dafür waren, während acht Leute bewußt dagegen, aber unbewußt dafür waren. Deshalb griffen sie an, und zwar mit Erfolg, wie die Geschichte erzählt.

Vom Standpunkt unserer Vorurteile aus gesehen ist das eine absolut verrückte Idee, aber wenn man diese Geschichte wirklich auf sich einwirken läßt, dann begreift man, was eine qualitative Zahl ist. Bei einer Abstimmung geht es dann nicht darum, welche Gruppe in der Mehrheit ist, sondern welche Gruppe die richtige Zahl trifft, und deren Meinung zählt. Nehmen wir an, 1 566 000 ist die Zahl, die den wahren Willen der Schweiz ausdrückt, und man stimmt über etwas ab. Dann wäre die Gruppe, die gewinnt, diejenige, die dieser Zahl am nächsten kommt, auch wenn eine andere Gruppe quantitativ in der Mehrheit wäre. Das ist die Orientierung des chinesischen Geistes, und es ist eine gute Orientierung, weil sie uns wirklich aus dem Vorurteil aufschreckt, daß die Zahl nur eine Quantität sein kann. Im chinesischen Geist ist die Zahl eine Struktur mit bestimmten Qualitäten.

Das Hexagramm Nummer 60 im I Ging, genannt Dsië, die Beschränkung, sagt, daß es im Leben und überall in der Natur keine Grenzenlosigkeit gibt und daß sie von Übel ist. So wie die Natur ihre Beschränkung hat – die Sterne haben ihre Bahn, der Baum wächst nicht über eine bestimmte Höhe hinaus, alles in der Natur hat sein Maß –, so ist es auch im Menschenleben, und deshalb ist das menschliche Dasein nur sinnvoll, wenn es seine sinnvollen Beschränkungen, sein richtiges Maß hat. Darum heißt es im Bild für das Hexagramm 60: »So schafft der Edle Zahl und

Maß und untersucht, was Tugend und rechter Wandel ist.« Die Idee der Zahl hat also mit Tugend und Wohlverhalten zu tun.

Am Schluß des letzten Kapitels habe ich zu erklären versucht, daß es bei einer Tat keine objektive Qualität gibt; es hängt vom Maß und von der Zeit ab sowie davon, ob sie innerhalb der Grenzen der Persönlichkeit richtig getan wurde. Für den Chinesen bedeutet Tugend, das Richtige im richtigen Maß und im rechten Moment zu tun. Nirgends sonst begegnet man diesem Gedanken so oft wie in der Analyse. Wenn ich einem Patienten heute die Wahrheit sage, kann sie ihn zerstören, aber wenn ich warte und sie ihm drei Wochen später sage, kann ihm das helfen. Für alles gibt es den richtigen Augenblick, die richtige Konstellation für eine Handlung, und zu früh oder zu spät zu handeln, zerstört die ganze Möglichkeit. Wir beachten das nicht genügend. Wir denken zu sehr in abstrakten Begriffen, sei es daß etwas gut oder schlecht ist, und wir denken nicht genügend von der Gefühlsebene der besonderen zeitlichen Umstände her, in denen wir handeln, denn unser ethisches Handeln hängt von der Zeit ab.

Die Wurzel des chinesischen Wortes Dsië ist der Bambusstab mit seinen Knoten, was sehr klar zeigt, wie die Chinesen es verstanden haben. Ein Bambusstab hat bestimmte Knoten, einen Rhythmus, eine Beschränkung, eine Zahl, und die Segmente des Stabes sind das Symbol für Tugend, Rechtschaffenheit und ethische Ordnung. Deshalb wurde der Kaiser häufig mit einem Bambusstab dargestellt, denn er war der Dirigent des moralischen Konzerts seines Volkes. Viele Texte in China sagen, daß die Zahlen des Reiches und die des Kalenders auseinanderfallen, wenn der Herrscher nicht in Ordnung ist. Dann ist es die Aufgabe des Kaisers, den richtigen moralischen Rhythmus wiederherzustellen und damit auch die Ordnung, den Kalender – was die Chinesen ganz konkret taten, denn sie hatten viele Kalenderreformen, durch die der Kaiser auch die Ethik seines Reiches neu ordnete und wiedererrichtete.

Hier wird wiederum die Zahl mit einem Zeit-Moment assoziiert. Es gibt sozusagen einen Eins-Moment, einen Zwei-Moment,

110

einen Drei-Moment, der mit Zeit und ethischem Verhalten zu tun hat, was in unserer psychologischen Sprache eine Gefühlsqualität bedeutet. Ethik ist eine Frage des Fühlens, nicht des Intellekts. In vielen Träumen habe ich – seit ich meine Aufmerksamkeit darauf richte – die Differenziertheit des Gefühls durch ein Regenbogenspektrum dargestellt gesehen. Bei einem sehr primitiven und unentwickelten Gefühl gibt es fast nur Schwarz-Weiß-Reaktionen: ich mag das oder ich mag es nicht, und dazwischen ist nichts; oder dies ist gut und das ist schlecht, angenehm oder unangenehm – es ist eine Entweder-Oder-Reaktion. Das ist typisch für das undifferenzierte Fühlen. Denktypen z. B. reagieren so, während Fühltypen eine Art Spektrum von Gefühlsreaktionen haben. Wenn ein Fühltyp gefragt wird: »Was denkst du über Frau Soundso?«, wird er sagen: »Ach, na ja, einerseits habe ich diesen und jenen Eindruck und das und das auszusetzen« usw., und er wird ein ganzes Regenbogenspektrum der betreffenden Persönlichkeit entwerfen, das Spektrum der verschiedenen Gefühle, die er gegenüber dem Phänomen Frau Soundso hat.
Leute, die kein differenziertes Gefühl haben, haben Träume, die ihnen zeigen, daß sie es auf diese Regenbogenweise zu differenzieren lernen müssen, um keine alles-oder-nichts-Reaktionen mehr zu haben. Wenn man an die Welt des Gesetzes denkt, die letztlich mit ethischen Problemen zu tun hat, dann sieht man, wie wichtig es für einen Richter oder Rechtsanwalt ist, dieses differenzierte Spektrum zu haben, um den Täter beurteilen zu können. Einerseits ist er schuldig und für seine Tat verantwortlich, andererseits müssen aber auch die Umstände betrachtet werden, und das wird bei uns praktisch immer getan; und sind das Pro und Kontra und die Nuancen der Situation erwogen worden, dann kommt man schließlich zu einem Gefühlsurteil.
Die Chinesen gingen sogar noch weiter, indem sie fast dieselbe Auffassung wie die Franzosen entwickelten, nämlich daß wirkliches Verstehen bedeutet, dem andern vergeben zu können. Sie legten großes Gewicht auf diese gefühlsmäßige Differenzierung. Dasselbe gilt auch für die analytische Arbeit, denn nur, wenn man auf subtile Art ein Spektrum von Reaktionen besitzt – was

auch bedeutet, daß man kein zu sicheres Urteil über falsch und richtig hat, sondern all die verschiedenen Nuancen, das Für und Wider, sehen kann –, gelangt man auch zu echtem menschlichen Verstehen. Das Fühlen hat ein Spektrum, das Spektrum wiederum hat verschiedene Frequenzen, auch hier gibt es also einen verborgenen quantitativen Aspekt in dem, was hauptsächlich qualitativ ist.

Weil er Himmel und Erde verbindet, die großen Prinzipien Yin und Yang, ist der Regenbogen in China ein Symbol für die Gefühls- und Eros-Beziehung. Hier begegnen wir wieder der Vorstellung, daß das Fühlen ein Spektrum und eine zahlenmäßige Ordnung hat und daß es sozusagen Fühl-Zeit-Zahlen gibt. Das ist das Wesen der Zahl in China. Wie kann man das erklären?

Ich habe versucht, eine Polarität zwischen der quantitativen und der qualitativen Zahl darzustellen, aber sie müssen beide dieselbe Wurzel im menschlichen Wesen haben und sind in Wirklichkeit auch geheime komplementäre Aspekte ein und derselben Sache. Hier möchte ich auch auf Jungs Werk »Symbole der Wandlung« hinweisen, in dem er erstmals seine energetische Betrachtungsweise der Psyche entwickelt. Er zeigt, daß 80 Prozent der ursprünglichen Manifestationen psychischer Energie bei einem kleinen Kind rhythmische Bewegungen sind, auch wenn es seine ersten Laute produziert. Ein Kleinkind kann sich stundenlang damit unterhalten, vor sich hin zu plappern und rhythmische Laute auszustoßen.

Auch Primitive können jegliche Art von Handlung nur verrichten, wenn sie von solchen rhythmischen Bewegungen begleitet wird, weshalb sie die Arbeit oft mit Trommeln oder Singen begleiten. Sie können nicht aus eigenem Antrieb arbeiten; sie müssen ihre psychische Energie, ihr *gana,* mobilisieren, wie die Südamerikaner es nennen. Wenn man einen Südamerikaner fragt, warum er nicht arbeiten gegangen ist, wird er sagen: »Mañana, heute habe ich kein *gana.*« Wenn man sein *gana* nicht erweckt, wird er keine Arbeit verrichten.

In Bollingen habe ich einen Nachbarn, der immer noch so ist. Er versprach, etwas für mich zu bauen, aber er tat es nicht, und schließlich ging ich hin und erzählte ihm Geschichten, und dann arbeitete er mit Begeisterung neun Stunden lang am Stück für mich. Ich mußte ihm das *gana* liefern, seine psychische Energie mobilisieren, und dann arbeitete er wirklich gut. Aber er war wie die südamerikanischen Indianer, und wir pflegten folgendermaßen miteinander zu reden: »Ach, heute komme ich, glaub' ich, nicht herüber.« »Kommen Sie doch, ich habe heute Zeit, können Sie nicht einfach mal schauen?« »Nein, ich glaube, das Wetter wird schlecht.« »Das glaube ich nicht, wir könnten doch wenigstens anfangen.« »Also gut, wir wollen sehen.« »Sie könnten ja die Schaufel und Ihr Werkzeug mitbringen, einfach für den Fall, wissen Sie . . .« Und dann kommt er und arbeitet stundenlang und ist am Abend ganz zufrieden und sagt, wir hätten ordentlich was getan.

So ist die primitive Mentalität auf der ganzen Welt. Der große Kampf mit den Primitiven ist es, sie aus ihrer Lethargie herauszuholen. Wenn sie es selbst tun müssen, machen sie es mit Singen und Trommeln, weshalb es vor jeder Aktion Initiationsriten gibt, sei es Jagen oder Säen; das *gana* muß immer mit Gesang und Trommeln und Riten erweckt und die Energie angeregt werden. Dasselbe gilt auch für Kinder, darin liegt eines der Geheimnisse der Pädagogik. Ich würde jedem Lehrer raten, das zu tun, denn wenn man ihr *gana* aufweckt, kann man mit Kindern alles machen. Sie sind nicht träge, sie haben nur dieselbe Mühe wie die Primitiven, anzufangen. Wenn sie einmal leidenschaftlich dabei sind, können sie nicht mehr aufhören.

Die ursprüngliche Manifestation psychischer Energie, die zur kulturellen Manifestation wird, ist mit Rhythmus gekoppelt; es ist nicht eine zufällige motorische Bewegung, sondern eine rhythmische Bewegung. Jung meint, dies sei der Beginn der spirituellen Form des Instinkts, dort fange der physiologische Aspekt an, seine spirituelle Form zu manifestieren. Psychische Energie dazu zu bringen, daß sie sich rhythmisch äußert, ist die erste Form ihrer geistigen oder kulturellen Manifestation. Im Tierreich stammt sie wahrscheinlich von den sogenannten verschobenen Reaktionen her. Wenn man einem Hund sein Futter zeigt, hat er alle Pawlowschen Reaktionen, das Wasser läuft ihm im Munde zusammen, usw. Nimmt man ihm aber das Futter wieder weg, kann er das Ganze nicht abstellen; er war zum Essen motiviert, also setzt er sich hin und kratzt sich eine halbe Stunde lang. Das wird von den Zoologen verschobene Reaktion genannt. Dasselbe passiert, wenn man einem Pferd sein Weibchen zeigt und die Stute dann wegführt – das Pferd wird eine halbe Stunde lang stampfen. 80 Prozent der verschobenen Reaktionen bei den Tieren sind rhythmische Bewegungen.

Auch wir haben noch affenähnlich verschobene Reaktionen. Wenn z. B. bei einer Sitzung die Leute ungeduldig werden oder ein langweiliger Redner auftritt, beginnen sie, sich zu kratzen oder rhythmische Zeichnungen zu machen. Das ist die primitivste Manifestation der freien Energie. Wir können also sagen, daß der Mensch vermutlich zunächst den Tieren ähnlich war, die unbewußt ihre Instinkte ausleben: Essen, Paarung, Jagd, Lebensraum suchen und das Territorium verteidigen. Dann blieb ein gewisser Energiebetrag übrig und zeigte sich zuerst in der Form von rhythmischen verschobenen Reaktionen.

Jung erwähnt in »Symbole der Wandlung«, daß man am Amazonas Felsen mit tiefen Einschnitten gefunden hat, die von Indios gemacht wurden, während sie dort saßen und auf die Kanus warteten, die sie stromaufwärts bringen sollten. Sie hatten nichts zu tun, also machten sie mit kleinen Stöcken oder Steinen diese Kerben. Sie konnten nicht ruhig dasitzen, also vertrieben sie sich damit die Zeit, und allmählich entstanden daraus die tiefen Einschnitte im Felsen. Die ältesten Ausgrabungen, die wir in Europa aus der Mittelsteinzeit haben, sind erst kürzlich entdeckte Höhlen. Sie wurden in Milly-la-Forêt gefunden und sind älter als die von Abbé Breuille entdeckten, berühmten Höhlen von Lascaux oder Trois Frères mit den schönen Tierzeichnungen.

Diese älteren Höhlen befinden sich in einem unzugänglichen Gebiet in der Mitte Frankreichs. In ihnen kann man tief eingeschnittene Linien sehen – Linie um Linie, genau wie sie von den Indios heute noch auf den Felsen am Amazonas gemacht werden.

Die Mittelsteinzeit-Menschen saßen in diesen Höhlen, wenn es regnete oder schneite und sie nicht auf die Jagd gehen konnten, und unterhielten sich mit diesen rhythmischen Bewegungen. Das ist wahrscheinlich der primitivste Anfang einer Befreiung der tierischen Libido und der Beginn ihrer Umwandlung in eine kulturelle Verwendung.

In den Höhlen von Milly-la-Forêt gibt es auch noch andere Formationen: z. B. regelmäßige Anordnungen von Löchern in den Felsen, die von den Archäologen Schälchen-Steine genannt werden. Außerdem gibt es Dreiecke mit einem Punkt in der Mitte und viele einfache Mandala-Formen. Eine von ihnen sieht wie ein Brettspiel aus, hat aber vermutlich nichts damit zu tun. Später zeichnete jemand das Bild eines Hirschen hinein.

Frau Marie König, die diese Höhlen studiert hat und als erste Beschreibungen und Photographien von ihnen veröffentlichte, meint ebenfalls (und sie ist nicht von Jungscher Psychologie oder ähnlichem infiziert), die Zeichnungen seien allererste Versuche des Menschen, eine Art geordneter Anschauung des Universums in Raum und Zeit herzustellen – ein Versuch, Raum-Zeit-Koordinaten und eine gewisse Ordnung in der umgebenden verwirrenden Welt zu errichten. Hier sieht man sofort die Verbindung zwischen Rhythmus, rhythmischer Bewegung und der psychischen Energie, die mobilisiert wurde, um Zahl und Ordnung hervorzubringen.

Historisch gesehen ist das wohl der Ursprung dieser Verbindung, und man sieht hier das Ausmaß, in dem die Zahl mit Rhythmus verbunden ist. Auch im alten Griechenland gibt es etwas, das in diese Richtung weist. Das griechische Wort für Zahl ist *arithmos,* daher stammt der Begriff Arithmetik. Das Wort Rhythmus hat wahrscheinlich dieselbe etymologische Wurzel. Im griechischen Wort für Zahl ist also die Vorstellung bewahrt worden, daß die Zahl ursprünglich Rhythmus war und, wie ich hinzufügen möchte, ein psychischer Rhythmus.

Wie so oft wurden in China archaische Vorstellungen, die in anderen Kulturen verschüttet sind, bewahrt, weshalb in diesem Land bis in die Gegenwart hinein die Zahl Rhythmus ist, ein

Gefühlsrhythmus, Harmonie, eine qualitative »Komposition«. Man kann z. B. sagen, daß das *ho* in der Musik auch für eine gute Suppe gilt, denn die Suppe ist wie ein Konzert von verschiedenen Gefühlsreaktionen, sie ist mit ihren verschiedenen Aromen einer musikalischen Komposition ähnlich. *Ho* bedeutet für den Chinesen musikalische Harmonie, er gebraucht das Wort sogar, um die Qualität einer Mahlzeit zu beschreiben. Wieder haben wir hier eine Illustration der rhythmischen Harmonie, in diesem Fall von Geschmackseindrücken. Deshalb möchte ich die Hypothese aufstellen, daß die Zahl quantitative und qualitative Aspekte hat, die sich ergänzen, und daß die Zahl grundsätzlich einen energetischen Rhythmus ausdrückt, der quantitativ gezählt oder durch das Gefühl als Qualität bzw. Struktur erfahren werden kann, und das war den östlichen Völkern bekannt.

Ein japanischer Gelehrter des C. G. Jung-Instituts, Dr. Mokusen Miyuki, machte mich darauf aufmerksam, daß es im Buddhismus verschiedene Richtungen und Zweige der ursprünglichen Lehre Buddhas gab, als er nach China verpflanzt wurde. Einer dieser Zweige, sehr abstrakt und philosophisch, war der sogenannte Hua-Yen-Buddhismus, und wie beim Zen-Buddhismus wurde seine Tradition durch eine Reihe von Patriarchen weitergegeben. Der dritte Patriarch dieser Tradition war Fa Tzang, der eine Zahlentheorie entwickelte, um durch Mathematik zu erklären, wie Buddha der Überlieferung nach eine bestimmte Sutra im Zustand tiefster Trance predigte. Einige Intellektuelle hatten die Frage gestellt: »Wie konnte Buddha predigen, als er in tiefster Trance war?« In einem solchen Zustand wäre man im Selbst, wo die Wahrnehmung der Welt oder der anderen Menschen aufgehört hat und es daher keine Motivation zum Predigen geben kann. Wenn man in Ektase und in Einheit mit dem Selbst ist, ist man still und erfreut sich daran in der Stille. Wie kann man in diesem Augenblick zu predigen anfangen, als wären noch andere Leute da? Für einen Menschen in diesem Zustand existieren die anderen nicht.

Das war eine dumme, aber nicht direkt naive Frage, und Fa Tzang versuchte durch die Mathematik zu erklären, daß es dasselbe ist wie die Beziehung, die die eine Zahl zur andern hat, daß wir nämlich die Dinge nicht gleichzeitig sehen können, denn entweder sind wir im Selbst, und dann gibt es keine anderen, oder wir sehen die anderen und sind nicht im Selbst, sondern von ihm besessen, wenn wir im Bewußtsein anderer predigen. Oder man ist sich des Selbst bewußt und sieht dann die anderen nicht, Buddha jedoch war in einem doppelten Geisteszustand und deshalb zur selben Zeit paradoxerweise in beiden Zuständen.

Das, sagte Fa Tzang, könnte dadurch erklärt werden, daß man die Zahl auch auf folgende Art betrachten kann. Er sprach von der progressiven Zahl und meinte, daß die Zahl Sechs oder Zehn (er geht nur bis Zehn) nicht ohne die Eins existieren kann, von der Sechs oder Zehn in Wirklichkeit ein Aspekt sind. Aber man müsse auch die regressive Zahl betrachten und sehen, daß die Zehn in Wirklichkeit eine qualitative Spezifizierung der Zahl Eins ist. Deshalb muß man eine rückläufige Art des Zählens erfinden, die immer auf die Eins hinweist. Dann kann man verstehen, was bei Buddha geschah: Wenn er sich an die anderen wandte, war das der Zustand der Progression, und er sah auf die vielen Selbste in den anderen Leuten, die er zu bekehren versuchte, während er zur selben Zeit nach rückwärts blickend nur in der einen eigenen Einheit war.

$$1 \to 2 \to 3 \to 4 \to 5 \to 6 \to 7 \to 8 \to 9 \to 10 \quad \text{Progression}$$
$$1 \leftarrow 2 \leftarrow 3 \leftarrow 4 \leftarrow 5 \leftarrow 6 \leftarrow 7 \leftarrow 8 \leftarrow 9 \leftarrow 10 \quad \text{Regression}$$

Abb. 13: Progressive und regressive Zählweise

Das ist natürlich eine Spezifikation des Paradoxons der indischen Philosophie, daß der persönliche Atman – das persönliche Selbst – und der überpersönliche Atman identisch sind. Viele Texte in den Upanishaden sagen, daß ein Mensch, der sein persönliches Selbst, den Purusha in ihm, erreicht, mit dem kosmischen Selbst identisch ist und daher eins mit allen Menschen. Dieses Einssein oder Anderssein und sein Paradox spielt in der viel älteren indischen Philosophie eine große Rolle, und dies ist nur eine späte Spezifikation. Ich war hocherfreut, in Fa Tzang einen geistigen Bruder meiner Idee zu finden, daß wir jetzt eine Mathematik der qualitativen Zahl einrichten sollten.

Lancelot L. Whyte, den ich schon zitiert habe, sagte, daß wir, bevor wir die Welt der Qualität in die Welt der modernen Wissenschaft integrieren können, einen neuen Zweig der Mathematik erfinden müssen, mit dem wir die Qualität erfassen können, und ich denke, ich sehe zumindest die Anfänge dessen, wie wir dazu kommen könnten. Wenn wir diese qualitativen Zahlen betrachten, wie sie etwa von den Chinesen verwendet werden, dann sind 1 – 2 – 3 – 4 nicht verschiedene Quantitäten, sondern Zeitfolgen derselben Sache: Man sieht die Ganzheit zuerst und danach die nächste Facette, dann die nächste, aber es ist immer dasselbe Eine. Das Kontinuum ist eine Fortsetzung der Zahl Eins durch die ganze Serie hindurch (Abb. 14), verschiedene Aspekte derselben Zahl Eins, immer derselben in einem zugrundeliegenden Kontinuum.

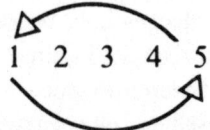

Abb. 14: Das Eins-Kontinuum

Es gibt andere mathematische Konzepte des Kontinuums, an die wir jetzt nicht denken wollen, weil sie quantitativ definiert sind. Ich beschreibe eine andere Vorstellung des Kontinuums als die, die man in Mathematikbüchern vorfindet. Diese andere Auffassung vom Kontinuum kennen wir schon aus dem berühmten Ausspruch der Maria Prophetissa, in dem es heißt: »Eins wird Zwei, Zwei wird Drei, und aus dem Dritten kommt die Eins als das Vierte.« Wie man sieht, zählt Maria bis vier und sagt dann, diese seien aber in Wirklichkeit alle die Eins – sie denkt an die Einheit der Drei zurück und faßt sie in der Vier zusammen. Unser Verstand geht vorwärts, denn wenn wir normal 1,2,3,4,5 zählen, machen wir eine Kette; beim qualitativen Zählen können wir das auch tun und sagen, jetzt habe ich Vier. Ja, aber die Vier ist tatsächlich das Eins-Kontinuum in der Drei, also gehe ich zurück: Vier ist eine Einheit von Drei, und ich füge diese Einheit der Drei hinzu und erhalte Vier, oder Fünf ist die Einheit von Vier, usw. So wird es in China tatsächlich gehandhabt: Die Fünf ist nicht die nächste Zahl nach der Vier, sondern sie stellt die Einheit der Vier dar, und Vier repräsentiert die Einheit der Drei.

Der einzige Ort, an dem ich in der westlichen Welt eine ähnliche Art des Zählens gefunden habe, ist unsere Spekulation über die Trinität. Der berühmte Zisterzienserabt Joachim von Fiore glaubte ernsthaft, daß die Trinität aus den drei Hypostasen der Gottheit besteht, daß sie aber dennoch eins sind – nicht drei getrennte Personen, sondern drei Hypostasen derselben Sache. So hat die Trinität eine gemeinsame Substanz, wie er sagt, und dann spricht er von dieser gemeinsamen Substanz als dem Vierten, aber der Papst verdammte ihn dafür, daß er eine himmlische Quaternität statt einer Trinität einzuführen versuchte. Er tat das jedoch zählenderweise: Wenn die Drei Eins sind, dann gibt es eine Einheit der Drei, und diese Einheit kann gesondert hypostasiert werden, und dann bekommt man die Vier. Maria Prophetissa tat das ebenfalls und kam zur Vier.

In der Alchemie handelt es sich bei der Lehre von der Quintessenz um dasselbe. Im Mittelalter glaubte man nicht, daß die Quintessenz ein weiteres Element wäre, das zu den anderen vier Elementen hinzukam. Man dachte, daß die ganze Natur aus vier Elementen besteht und daß die Quintessenz, das Fünfte, das eine aus den Vieren war. Mit anderen Worten, es gibt nur vier Elemente – Feuer, Wasser, Luft und Erde –, die eine gemeinsame zugrundeliegende Substanz besitzen, die Quintessenz. Wieder kehren also die vier Elemente zu ihrer Einheit zurück und hypostasieren dann ein Fünftes als Quintessenz, die fünfte Essenz.

Hier sehen wir, daß unsere Denkweise rückläufig ist: Wir gehen zur Eins zurück – das ist allgemein das Unbewußte –, und aus dem Prozeß der Hypostasierung heraus kommen wir zum Fünften. In unserem Geist tun wir also genau dasselbe wie Fa Tzang, der meinte, man müsse die Zahlen auch nach rückwärts zählen.

Nun kommt etwas Interessantes. Bei allen Orakel-Methoden, die meiner Ansicht nach primitive Versuche der Menschheit sind, psychische Energie und ihre Konstellationen zu zählen, zählt man rückwärts. Beim I Ging werden 50 Schafgarbenstengel genommen, einer wird beiseite gelegt. Dann wird ein Vierer-Bündel davon genommen und rückwärts abgezählt, bis ein Rest von einem, zwei, drei oder vier Stengeln bleibt. Man zählt also buchstäblich zurück, und das ist bei fast allen Wahrsage-Methoden so, die Zahlen verwenden. Bei der Geomantie z. B. nimmt man einen Haufen Korn und zählt zurück, bis man einen geraden oder ungeraden Rest hat, und das wird als Information benutzt. Alle Orakel-Methoden gebrauchen also die Idee, die Zahlen rückwärts zu zählen, vermutlich aus symbolischen Gründen.

Was ich beschrieben habe, ist eine geistige Operation. Wenn ich nämlich die Drei habe, sehe ich sie in Wirklichkeit als Eines an, daher ist es die Vier, und dann sage ich, die Vier ist tatsächlich Eins, wenn ich zur Fünf kommen will. Das ist ein Schritt der Verwirklichung in der Zeit und gilt nur für den bewußten Geist. Im Unbewußten gibt es ein Kontinuum, wo alle Zahlen identisch sind. Oder wir könnten postulieren, daß alle Zahlen als archetypische Ideen im Unbewußten identisch sind, aber wenn wir das rekonstruieren oder ein bewußtes Konzept daraus machen wollen, dann müssen wir die Qualität in dieser rückläufigen Form zählen.

Bei den Navaho-Indianern habe ich ein schönes Beispiel dafür gefunden. Ich bekam eine moderne Navaho-Kachel, auf der die vier Göttinnen des Navaho-Pantheons dargestellt sind (Abb. 15). Sie haben quadratische Köpfe, ein Kleid und Beine. So werden diese Göttinnen gezeigt, aber das Interessante ist, daß die vierte Göttin die erste in umgekehrter Gestalt ist. Dies ist die Sichtbarmachung von Maria Prophetissas Ausspruch: Aus der Eins kommt die Zwei, aus der Zwei die Drei, und das Eine der Drei ist das Vierte.

Dies scheint also eine archetypische Art des Rechnens zu sein – bei einer bestimmten Zahl immer zur Eins zurückzugehen und sie als die Nächste zu hypostasieren. Das ist, was Fa Tzang als rückläufiges Zählen beschrieben hat, und es ist die Art von

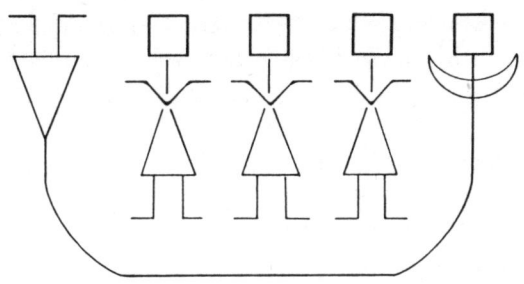

Abb. 15: Von Dreien das Eine ist das Vierte

Mathematik, die von den meisten Wahrsage-Techniken gebraucht wird: Man zählt zur ursprünglichen Eins zurück, oder zur Zwei, und folgert daraus für die Zukunft.

Wenn wir das psychologisch betrachten, erscheint es keineswegs verrückt, denn wenn wir voller Zweifel sind oder in einer ungewissen Lage, werden wir meist von den vielen verschiedenen Aspekten der Situation überwältigt. Die eine Handlungsweise wird diese Konsequenz haben und die andere jene. Wir sind verwirrt und wissen schließlich nicht mehr, wo wir stehen. Wir sehnen uns danach, zu dem *einen* Sinn zurückzukehren, zur Mitte unseres Selbst, wo es nur einen Sinn gibt und nur eine Richtung, in die man gehen kann.

In der Geomantie z. B. nimmt man völlig aufs Geratewohl einen Haufen Kieselsteine – das ist die konfuse, vielfältige Situation, aus der man keinen Ausweg sieht – und zählt dann jeweils zwei davon ab. Man kann einen Rest von einem oder zwei Steinen haben, weil man eine gerade oder ungerade Anzahl gegriffen hat. Das muß mehrmals wiederholt werden, und aus dem Resultat zieht man, symbolisch ausgedrückt, Schlüsse über die Situation und kommt so von der vielfältigen Verwirrung weg und zur ursprünglichen Einheit von allem zurück, zum Zentrum, das durch diese symbolische oder rituelle Geste ausgedrückt wird. Aus diesem Grunde wird die rückläufige Zählweise gebraucht.

In seinem Kommentar zum I Ging erklärt Richard Wilhelm dies in einer anderen Form, die ich sehr treffend finde. Wahrsage-

121

Methoden werden normalerweise dazu benutzt, um die Zukunft vorherzusagen, und das I Ging wurde zunächst auch teilweise zu diesem Zweck verwendet. Wilhelm erklärt die Idee der Chinesen, indem er sagt, daß wir, wenn wir wüßten, wie sich ein Baum in einen Samen zusammenzieht, auch die Zukunft voraussagen könnten. Das heißt also, wenn wir den rückläufigen Prozeß einer Entwicklung verstehen können, können wir die Zukunft voraussagen. Dasselbe ist im erwähnten Wort *Suan chi lai* enthalten, was bedeutet, den Ursprung dessen aufzählen, was geschehen wird. Man zählt nach rückwärts zum Ursprung des zukünftigen Geschehens. Der Chinese sagt, die Zukunft ist immer als Same gegenwärtig. Wenn ich also weiß, wie sich ein Baum in den Samen zurückzieht, kann ich auch vorhersagen, wie der Baum sich aus dem Samen entwickelt. Wenn wir den Kernpunkt einer Situation erkennen, können wir auch alle Konsequenzen voraussagen.

In psychologischer Sprache heißt das nun, daß wir, wenn wir die tiefste zugrundeliegende archetypische Konstellation unserer gegenwärtigen Situation kennen, bis zu einem bestimmten Grad wissen können, wie die Dinge verlaufen werden. Archetypische Träume gelten im Durchschnitt für drei bis sechs Monate – aber vielleicht auch für zehn Jahre oder für ein ganzes Leben. Es hängt von der »Mächtigkeit« des Traumes ab. Träume aus dem persönlichen Unbewußten sind etwa drei Tage lang gültig. Sehr oft hat jemand während der Analyse eine Traumsequenz mit persönlichem Material über Schattenprobleme, die alltägliche Reaktionen auf die alltägliche Lebenshaltung beinhalten, und man arbeitet daran, und plötzlich kommt dann wie ein Einschnitt ein großer archetypischer Traum. Man deutet ihn, und der Patient kann sich keinen Reim darauf machen und sagt: »Ja, aber wie paßt das zu meiner Situation? Ich bin beeindruckt und fühle irgendwo, daß es ein sehr tiefer Traum ist, aber ich sehe keine Verbindung mit meiner jetzigen Situation.« Meiner Erfahrung nach muß man dann sagen: »Warte ab«, denn normalerweise dauert es zwei bis drei Monate, bis die Situation zu einer voll erblühten, bewußten Realität wird. Dann treten im allgemeinen innere Erlebnisse und manchmal synchronistische äußere Ereignisse auf, und nach drei Monaten kann man rückblickend sagen: »Jetzt sehe ich, was der Traum bedeutet.« Er brauchte diese ganze Zeit, um heraufzukommen, und je tiefer der Traum, desto länger dauert es. Auf diese Weise kommt man zur tiefsten Konstellation, und dann kann man die Zukunft vorhersagen.

Der chinesische Gedanke ist es, daß man, wenn man die allertiefste Konstellation (die »Keime«) kennt, auch die Konstellation kennt, die in zwei oder drei Jahren noch gültig ist, und praktisch ist das wirklich so. Deshalb interessierte sich Jung so für Kinderträume; der früheste Traum eines Kindes nimmt oft das ganze Leben vorweg. Das ist wie beim Samen: Man schaut in einen Kindertraum hinein und sieht den Samen eines Lebens, der später ein ausgewachsener Baum wird. Man sieht schon im archetypischen Traum eines zwei- bis dreijährigen Kindes diesen Samen. Daher könnte man wirklich sagen, daß wir in der Psychologie auch nach rückwärts zählen, und ich denke, das ist es, was Freud dazu brachte, so großes Gewicht auf die Erfahrungen der frühen Kindheit zu legen. Er war tatsächlich von dieser Idee inspiriert, aber er verlegte sie ins Bewußtsein und nur in die äußeren Ereignisse der Kindheit statt in die archetypische Konstellation. Der Kindheitstraum ist der Keim eines ganzen Schicksals, und wenn Sie dieses Muster lesen können, dann können Sie bis zu einem gewissen Grad die Zukunft dieses Lebensmusters lesen. Man kann sie nicht im Detail, aber jedenfalls in allgemeinen Zügen herauslesen. Aufgrund dieser Erfahrungen erfanden die Chinesen die rückläufige Zählmethode, um die Zahlen beim Wahrsagen zu verwenden.

Wir kommen nun zu einem anderen Aspekt. Ich weiß, daß ich mir, wie Sie vielleicht gemerkt haben, selbst widersprochen habe. Um zur Zahlenanordnung zurückzukehren, sagte ich, die Zahlen seien, qualitativ gesehen, das Eins-Kontinuum, das nur in der Zeitfolge andere Aspekte entwickelt, aber immer dasselbe bleibt; und dann habe ich rückläufige Zählmethoden vorgestellt, die die Zahlen wiederum als gesonderte, unzusammenhängende Wesenheiten behandeln – die Drei ist von der Vier verschieden, usw. Das hat mit der relativen Zeitlosigkeit der tieferen Schichten des Unbewußten zu tun. Jung dachte bekanntlich, daß die tiefsten Schichten des Unbewußten, d. h. besonders die kollektiven unbewußten Schichten in der Psyche, relativ zeitlos, also außerhalb von Zeit und Raum sind. Wie gesagt, ist im Kindheitstraum manchmal schon das ganze Schicksal einer Person da; die Zukunft ist sozusagen im Unbewußten gegenwärtig. Aber als bewußte Erfahrung kann es für die betreffende Person 20, 30 oder 60 Jahre dauern, das zu realisieren. Also müssen wir annehmen, daß bestimmte archetypische Konstellationen relativ zeitlos sind. Ich möchte nicht sagen ewig, denn bis jetzt können wir nur beobachten, daß sie relativ zeitlos sind, während unser bewußter Geist – das diskursive Denken und all die Bewußtseinsprozesse – zeitgebunden sind. Unser Begriff der Zeit, was immer das bedeutet, ist sicherlich an den Energiefluß im Bewußtsein gebunden, denn unsere bewußten Prozesse erfolgen einer nach dem andern.

Es gibt Zeiten, wo das Unbewußte nicht dieser Ordnung folgt, z. B. in der Art, wie bestimmte Mathematiker ihre Theorien entdeckten. Henri Poincaré beschreibt, wie er wochenlang an einem Problem arbeitete, das sich mit den sogenannten automorphen Funktionen befaßte (ich will hier nicht versuchen, es zu erklären, weil ich es selbst nicht verstehe, es ist komplizierte höhere Mathematik). Er konnte die Lösung nicht finden und ging dann zum Militär. Eines Abends, als er sehr müde war, trank er Kaffee und konnte danach nicht schlafen, und plötzlich sah er, wie er selbst sagt, wie Ideen und mathematische Kombinationen atomgleich im Raum umherflogen, sich verbanden und wieder trennten und plötzlich eine richtige Art von Verbindung eingingen, und dann sah er die ganze Lösung! Blitzartig! Er stand auf, aber es kostete ihn über eine halbe Stunde, den Beweisgang zu entwickeln und aufzuschreiben. Der bewußte Geist brauchte eine halbe Stunde für ein Argument nach dem anderen: aus dem folgt das, und daraus folgt dies, bis er endlich den Beweis hatte, der ihn in der Welt der Mathematik berühmt machte – er *sah* ihn aber in einer blitzartigen Erleuchtung.

Dasselbe geschah auch dem berühmten Mathematiker Gauss. Er fand eines der Zahlentheoreme auf dieselbe Weise. Er sagte: »Mein Geist war ganz von dem Problem in Anspruch genommen, aber ich konnte die Lösung nicht sehen, und dann plötzlich, durch Gottes Gnade, sah ich das Ganze wie in einem Blitzstrahl, aber nachher konnte ich nicht sagen, wie ich dazu kam oder wie ich argumentiert habe und was die Verbindung war.« Er sah sozusagen zeitlos die ganze Ordnung, aber dann mußte sein bewußter Geist sich den Verbindungslinien entlangarbeiten und sie in einen mathematischen Beweis umwandeln, der aus einem ersten, zweiten, dritten, vierten Schritt, usw. besteht.

All das weist darauf hin, daß es im Unbewußten nicht diese Reihenfolge des »eins nach dem anderen« gibt. Das ist die Art, an die unser bewußter Geist gebunden ist – durch Zeit und Raum –, für unseren Verstand ist es die einzige Art und Weise zu funktionieren. Im Unbewußten jedoch sind Zeit und Raum relativ oder zumindest sehr flexibel, falls sie nicht ganz verschwinden; sie gelten dort nicht wie in unserem Bewußtsein.

Deshalb verfielen die Chinesen auf den Gedanken, zwei Ordnungen aufzustellen, um die Ganzheit des Universums zu beschreiben. Sie erinnern sich an das *Lo Shou* und das *Ho-tou* (Kap. 1). Das *Ho-tou* ist mit dem verbunden, was von ihnen die ewige Ordnung des Universums genannt wird, in der Himmel und Erde einander gegenüberstehen, und dazwischen sind die Elemente angeordnet. Dies ist eine bestimmte Art Mandala, in das alle archetypischen Möglichkeiten eingeordnet sind, ein archetypisches Feld, das die Chinesen die ewige Ordnung nennen und in dem, wie sie sagen, die Elemente in energetischer Verbindung zueinander stehen, jedoch ohne sich zu bewegen und zu bekämpfen. Das würde z. B. heißen, daß es Feuer und Wasser gibt, die wie in einem Magnetfeld in einer Art energetischer Spannung stehen, doch sie sind nicht in Bewegung und rotieren auch nicht, sondern befinden sich in einer Art beseelter Ruhe. In einem poetischen Bild könnte man das mit dem Flug einer Libelle vergleichen, die wie ein Helikopter in der Luft schwebt und sehr schnelle Flügelbewegungen macht; sie bewegt sich, bleibt jedoch vollkommen still an einem Ort stehen, und so könnte man sich diese Ordnung des *Ho-tou* vorstellen. Sie ist voller Spannung und innerer Vibration, als Ganzes aber still und tritt darum nicht in die Zeit ein.

Das zweite Mandala, das die Chinesen aufstellten, um die Ordnung des Universums zu beschreiben, wird von ihnen die Jüngere Himmelsordnung genannt. Es ist mathematisch auf dem *Lo Shou* aufgebaut, von dem gesagt wird, daß es sich zyklisch, in einem Zeitzyklus bewegt. In China wie in Indien gab es u. a. die Vorstellung von einer zyklischen Zeitbewegung. Für den Osten ist es typisch, sich die Zeit als zyklische Bewegung und nicht nur linear vorzustellen. Die eine Ordnung ist also zeitgebunden, die andere nicht, sie ist ewig; sie werden die Ältere und die Jüngere Himmelsordnung genannt.

Eine der ältesten Wahrsage-Formen bestand darin, die ewige, die Ältere Himmelsordnung auf ein rundes Brett zu zeichnen, das den Himmel darstellt, und die Jüngere Ordnung auf ein quadratisches Brett, die Erde. Durch das Loch in der Mitte jedes Brettes wurde ein Stab gesteckt. Dann wurden die beiden Bretter gegeneinander gedreht, man ließ sie zur Ruhe kommen, und aus der Art, wie sie zueinander standen, wurde – ähnlich wie beim Roulette – die Situation abgelesen. Diese alte Wahrsage-Methode wurde erst kürzlich in China bei Ausgrabungen entdeckt, sie ist wahrscheinlich älter als das I Ging. Was mir am wichtigsten daran zu sein scheint, ist die Idee von zwei in Wechselwirkung stehenden Systemen, die auf diese Weise die Ganzheit verkörpern.

5 Die Synchronizität und die Eine Welt

In seinem Aufsatz über die Synchronizität hebt Jung hervor, daß
es wegen der Koinzidenz der physischen und psychischen Ebene
irgendwo und irgendwie eine Einheits-Wirklichkeit geben muß –
eine einzige Realität des physischen und des psychischen Be-
reichs, die er mit dem lateinischen Ausdruck *unus mundus*
bezeichnete, die *eine* Welt, ein Begriff, den es schon bei einigen
mittelalterlichen Philosophen gab. Diese Welt, sagt Jung, können wir uns nicht bildhaft vorstellen, sie übersteigt unser bewußtes Begreifen vollkommen. Wir können nur schließen oder
vermuten, daß es irgendwo eine solche Realität gibt – psycho-
physische Realität könnten wir sie nennen –, die sich sporadisch
in synchronistischen Ereignissen manifestiert. Später schreibt
Jung in »Mysterium Coniunctionis«, daß das Mandala das inner-
seelische Äquivalent des *unus mundus* sei.

Das würde bedeuten, daß das Mandala die letzte Einheit der
inneren und äußeren Realität darstellt. Es weist auf einen transzendenten psychischen Inhalt, den wir nur indirekt durch Symbole erfassen können. Die vielen Formen des Mandalas scheinen
auf diese Einheit hinzudeuten, wobei die synchronistischen Ereignisse das parapsychologische Äquivalent des *unus mundus*
sind, weil sie ebenfalls auf diese Einheit des psychischen und
physischen Universums hinweisen. Deshalb überrascht es nicht,
daß wir in der Geschichte Kombinationen dieser beiden Motive
finden, nämlich von Mandala-Strukturen und früheren Versuchen, die Synchronizität durch Wahrsagen zu erfassen. Ich nenne
diese Mandalas Wahrsage-Mandalas.

Es gibt viele Wahrsage-Techniken, in denen ein Mandala verwendet wird. Am bekanntesten ist das Horoskop. Ich habe die
beiden Weltordnungen der Chinesen schon beschrieben, die auf
zwei Bretter gezeichnet waren und zu Wahrsage-Zwecken ge-

geneinander gedreht wurden. In der Antike finden wir viele weitere solcher Mandalas, z. B. gab es in der antiken Medizin die sogenannten Wahrsage-Kreise. Man nahm das Alter des Patienten, das Datum und die Stellung des Mondes zu Beginn seiner Krankheit und drehte diese Informationen im mathematischen Mandala, bis man zur Prognose kam. Wenn das Zahlenergebnis auf den unteren Teil des Kreises fiel, würde der Patient sterben; fiel es auf den oberen Teil, dann würde er sich erholen.

Solche Kreise oder Kugeln wurden auch allgemein zum Wahrsagen benutzt. Wenn etwa ein Sklave fortgelaufen war, konnte man fragen, ob er zurückkommen oder gefunden würde oder für immer verloren war. Man gebrauchte dabei dieselbe Methode, d. h. man nahm das Alter des Sklaven, den Tag seines Verschwindens und ein paar andere Zahlen; diese wurden in den Kreis eingezeichnet, und je nachdem, wie das Ergebnis ausfiel, meinte man, eine Information über den Ausgang der Situation zu haben.

Diese reichlich absurden Methoden zeigen, daß bei den Leuten, die sie erfanden, geistig die Idee im Hintergrund stand, daß das mögliche Wissen über solche Ereignisse mit dem *unus mundus* verbunden ist; deshalb wurden sie in Mandala-Form aufgezeichnet.

Das Auffälligste daran ist, daß beim Wahrsagen mit Mandalas sehr oft doppelte Mandala-Strukturen gebraucht wurden, nämlich zwei Räder, die sich gegenseitig bestimmen. Ein Rad ist gewöhnlich fest und stellt den einen Aspekt der Realität dar, während das andere darüber rotiert; maßgebend für das Wahrsagen ist die Kombination dieser beiden Räder. Diese chinesischen Doppelmandalas, die es auch bei uns gibt und die sich gegeneinander drehen, sind, wie gesagt, die Ältere Himmelsordnung – eine Anordnung der 64 Möglichkeiten oder Mutationen der Hexagramme des I Ging, und die Jüngere Himmelsordnung mit einer anderen Anordnung derselben Trigramme und Hexagramme. In der Älteren Himmelsordnung gibt es keine energetischen zeitlichen Abläufe, sondern nur eine Art Dynamik, die in sich ausbalanciert ist, während in der Jüngeren Himmelsordnung ein zyklischer Energieprozeß dargestellt ist.

Jung kommt in seinem Aufsatz über die Synchronizität auch zu dem Schluß, daß synchronistische Ereignisse nicht einfach sporadische regelwidrige Vorkommnisse ohne Ordnung sind. Er stellt die Hypothese auf, daß sie zufällige Erscheinungen dessen sind, was er »akausales Angeordnetsein« nennt. Mit anderen Worten, wir müssen annehmen, daß es in der psychischen wie auch in der physischen Realität eine Art zeitloser Ordnung oder Angeordnetseins gibt, die immer konstant bleiben, und synchronistische Ereignisse fallen in diesen Bereich, von dem sie einzelne sporadische Verwirklichungen sind.

Als Beispiel einer akausalen Ordnung in der physischen Welt nennt Jung den radioaktiven Zerfall und seine konstante zeitliche Ordnung. Er nennt ihn akausal, weil wir keine Möglichkeit haben, kausal zu erklären, warum der radioaktive Zerfall in dieser zahlenmäßigen Ordnung und nicht in anderer Form stattfindet. Er ist sozusagen eine »einfach-so«-Geschichte. Als Beispiel für die Beständigkeit des akausalen Angeordnetseins im psychischen Bereich erwähnt Jung die Eigenschaften der natürlichen ganzen Zahlen. Wir können nicht sagen oder kausal erklären, warum bestimmte Zahlen Primzahlen sind oder warum sie so geordnet sind; das ist auch eine »einfach-so«-Geschichte, eine einfache Tatsache, die wir auf keine Ursache zurückführen können. Die Frage nach dem Warum oder Woher ist in diesem Moment irrelevant, man kann nur sagen, es ist, wie es ist.

Das ist es, was Jung unter akausalem Angeordnetsein versteht. Es handelt sich um bestimmte Ordnungen im geistigen oder physischen Bereich, die der beste Ausdruck ihrer selbst sind – »einfach-so«-Geschichten. Was noch mehr auffällt, ist dies, daß es nämlich keine individuellen Abweichungen oder Variationen dieser Ordnung gibt, daß sie absolut konstant ist. Wir können daher annehmen, daß in der Natur ein bestimmter Betrag an akausalem Angeordnetsein vorhanden ist, gewisse Ordnungen, die die physikalische oder psychische Natur erhalten und durch diese beständigen Ereignisse eine konstante Ordnung schaffen. Synchronistische Ereignisse wären dann die sporadischen Manifestationen dieses akausalen Angeordnetseins, aber im Unterschied zu Geschehnissen, die regelmäßig und darum voraussagbar sind, geschieht das synchronistische Ereignis zwar innerhalb dieser Ordnung, ist jedoch einmalig, sporadisch und unvorhersehbar.

Als Jung zum ersten Mal seine Hypothese des Synchronizitätsprinzips vortrug, gab es eine große Diskussion darüber, ob man nicht doch noch ein Gesetz entdecken könnte, unter dem synchronistische Ereignisse eine gewisse Regelmäßigkeit hätten oder einer bestimmten Ordnung folgten und deshalb doch voraussagbar wären, so daß man sagen könnte, jetzt, in dieser Situation *muß* ein synchronistisches Ereignis eintreten. Es war nicht möglich, dieses Gesetz zu finden, und Jung kam nach langer Überlegung und Diskussion zu dem Schluß, daß wir zugeben müssen – obwohl es unseren rationalen Verstand ärgert –, daß synchronistische Ereignisse »einfach-so«-Ereignisse sind.

Aber man kann sich fragen: Warum in aller Welt hat die Menschheit dann von Anfang an versucht, Methoden zu finden, um Synchronizität vorauszusagen? Darauf könnte man antworten, daß es der primitive Geist war, der Synchronizität und Kausalität verwechselte, d. h. die Leute wollten wirklich auf kausale Weise Voraussagen machen, weil sie aber nicht klar dachten, hatten sie in ihrem verwirrten Geist eine Art magische Auffassung von Synchronizität und Kausalität und nahmen deshalb an, man könnte etwas vorhersagen. Das ist vielleicht bis zu einem gewissen Grad richtig, wenn man aber näher beobachtet, was bei den verschiedenen Wahrsage-Techniken geschieht, sieht man, daß gar nicht tatsächliche Ereignisse vorausgesagt werden, sondern nur die Qualität möglicher Ereignisse.

Wenn z. B., astrologisch gesehen, ein sehr alter Mensch eine extrem hohe Anzahl von negativen Konstellationen in seinem Transit-Horoskop hat, würde ein Astrologe vielleicht die Vermutung wagen, daß er wahrscheinlich unterliegen wird, so daß man vom möglichen Tod sprechen kann. Ich habe mit verschiedenen Astrologen darüber diskutiert, die alle bestätigten, daß man z. B. den Tod einer Person nicht aus dem Horoskop lesen kann. Man kann nur sagen, da scheint eine sehr schwierige Konstellation zu sein, und wenn die Person schon alt und krank ist, dann kann es sein, daß um dieses Datum herum der Tod eintritt.

Wer mit der Technik des I Ging vertraut ist, weiß, daß es nicht vorhersagt, was tatsächlich geschehen wird – es spricht nur von »unerwartetem Mißgeschick« oder etwas Ähnlichem, und dann passiert etwas in diesem Bereich, aber das I Ging kann nicht voraussagen, daß Sie von Ihrer Mutter einen Brief bekommen, worin steht, daß sie kein Geld mehr schickt. Ich meine, Sie lesen nicht das im I Ging, Sie lesen nur etwas wie »unerwartetes Mißgeschick«. Die Vorhersage bezieht sich also auf die Qualität des Augenblicks, in dem ein synchronistisches Ereignis geschehen *könnte*. Aus diesem Grunde schwören Wahrsager und Medizinmänner niemals, daß irgend etwas unvermeidlich geschehen wird, sondern sie sagen nur, es besteht die Wahrscheinlichkeit oder Möglichkeit, daß etwas in diesem Bereich geschieht.

Dasselbe gilt sogar für prognostische Träume. Kürzlich hat mir ein Bekannter erzählt, daß er vor Jahren, als er noch oft Bergsteigen ging, vor einer Bergtour einen Traum hatte, in dem eine Steinlawine ihn tötete. Als er morgens aufwachte, war er sehr betroffen und überlegte, ob er die Tour verschieben sollte oder nicht, aber dann kam er sich feige vor und schämte sich vor sich selbst. Auch war er neugierig, ob das wirklich so passieren würde oder nicht. Also entschloß er sich, trotzdem zu gehen, jedoch einen zweiten Führer mitzunehmen, was überhaupt nichts nützen würde, wie sich bald herausstellte, es war eine Art Vorsichtsmaßnahme. Er ging also auf die Klettertour, und nichts geschah – außer daß auf dem Rückweg eine Steinlawine herunterkam und sie um Haaresbreite verfehlte. Der zweite Führer hätte gar nicht helfen können, sie wären alle umgekommen. Das Unbewußte konnte also nicht ganz genau vorhersagen, was geschehen würde, es sagte nur einen Unfall in den Bergen voraus, und dann kam noch ein kleines »einfach so« auf dieser oder jener Seite hinzu, das nicht vorhergesagt werden konnte. Im Traum wurde also nur eine Wahrscheinlichkeit vorausgesagt.

Es scheint daher, als könne das absolute Wissen der tieferen Schichten unserer unbewußten Psyche synchronistische und andere Ereignisse nicht ganz genau voraussagen, sondern nur ein mehr oder weniger verschleiertes Bild der Möglichkeiten. Dies ist es auch, was Wahrsage-Techniken versuchen: sie definieren nicht das mögliche synchronistische Ereignis und sagen es nicht genau voraus, denn das ist tatsächlich nicht voraussagbar, sondern mit Hilfe des akausalen Angeordnetseins skizzieren sie nur die Qualität eines Zeitmomentes. Man kann also sagen, wenn etwas geschieht, dann wird es im Bereich dieses qualitativen Feldes stattfinden. »Unfall in den Bergen« wäre z. B. im vorliegenden Fall die allgemeine Überschrift und würde deshalb wahrscheinlich nicht eine wunderbare Begegnung mit einer Gemse beinhalten, sondern irgend etwas im Bereich eines Bergunfalls könnte passieren. Die unbewußte Erwartung ging in diese Richtung, aber das tatsächliche Ereignis und wie es sich wirklich abspielen würde, war nicht voraussagbar. Das gilt für alle Wahrsage-Techniken.

Das führt uns nun zum Problem der Zeit, und es ist interessant zu sehen, daß sogar in der modernen Physik einige Forscher auf ähnliche Probleme gestoßen sind. Der französische Physiker Costa de Beauregard versuchte das Problem ohne jegliche Kenntnis der Jungschen Psychologie zu lösen. Ich schrieb ihm und fragte, ob er Jungs Werk kenne, und er antwortete, daß er nur Freud kenne, daß er aber nach dem, was ich ihm erzählt hätte, nun Jung lesen werde. Seine Idee war also vollkommen unabhängig von den Jungschen Vorstellungen entstanden. De Beauregard, Professor in Paris, gehört unter den Physikern zur Gruppe der Relativisten und beschäftigt sich speziell mit dem Problem der Zeit.

In seinem Buch »Le Second Principe de la Science du Temps« kommt de Beauregard zu dem Schluß, daß es zwei Bereiche der Realität und daher zwei Arten von Zeit gibt. Die eine Art ist die tatsächliche physische Realität, wie der Physiker sie kennt, in der die Zeit gewöhnlich durch ein Parameter dargestellt wird, d. h. die Zeit wird linear aufgefaßt. Es ist dasselbe Gedankenmodell, das ich zu Beginn im Zusammenhang mit der Kausalität vorgestellt habe. Wir betrachten die Zeit als eine Linie von Ereignissen und stellen sie deshalb in physikalischen Modellen der Realität durch ein lineares Parameter dar. Dieses, sagt de Beauregard, ist eng mit unserem Bewußtsein verbunden, während die tatsächliche Welt im relativistischen Sinne des Wortes eine vierdimensionale zeitlose Welt ist. Nur unser Bewußtsein gleitet dort den Welt-Linien entlang. Die lineare Erscheinung der Zeit ist also an unser Bewußtsein gebunden und damit auch die Wahrscheinlichkeit im physikalischen Sinne des Wortes, sowie das Prinzip der Irreversibilität.

Zudem gibt es wegen der Entropie bei jedem Prozeß einen Energieverlust, so daß bei jedem Ereignis am Ende ein geringeres Energiepotential als im Anfangszustand vorhanden ist. Das bedeutet, daß die Energie im Universum auf die Entropie hin sozusagen ausläuft; die Irreversibilität aller tatsächlichen Ereignisse, wie man sie im Bewußtsein beobachten kann, spricht dafür, daß die Zeit linear ist, daß es einen Lauf der Ereignisse gibt, der unumkehrbar ist. Dann stellt de Beauregard die Frage, ob es nicht einen anderen Bereich der Realität gibt, für den der gegenteilige Aspekt gilt.

Physiker machen diesbezüglich alle Arten von merkwürdigen Projektionen. Einige stellen sich z. B. vor, daß es weit, weit entfernt irgendwo im Universum eine Welt der »Antimaterie« gibt, wo alle Prozesse, die wir in unserer Welt beobachten, umgekehrt verlaufen. Niemand hat diese Welt gesehen oder bewiesen, sie ist einfach ein geistiges Bild, das auf der Vorstellung von Symmetrie oder Balance beruht – das Gefühl, es müsse irgendwo einen Ort geben, wo Energie aufgebaut wird, wenn wir in einer Welt leben, in der es energetisch abwärts geht.

De Beauregard hat noch eine andere Idee, daß nämlich jene vierdimensionale Welt im Minkowski-Einsteinschen Sinne mit dem Unbewußten identisch ist, das er ein *ailleurs* = »Anderswo« nennt. In diesem zeitlosen Anderswo, diesem *ailleurs,* gibt es Prozesse, bei denen das Gegenteil abläuft, d. h. es werden Systeme von höherer Energieladung aufgebaut. Dieses vierdimensionale Anderswo hat an der Welt der Information oder bildhaften Vorstellungen teil. Für de Beauregard ist dieses Anderswo, mit anderen Worten, etwas Psychisches, etwas Unbewußtes und etwas, in dem Vorstellungen aufgebaut werden. Er nennt sie ebenfalls Informationen, aber er definiert Information als mentale Vorstellung. Diese negentrope Welt ist komplementär zur physikalischen Welt, wo alles abnimmt, und hat Systeme höherer Energiebeträge als unsere physikalische Welt. Er erklärt, dies ermögliche dem Menschen – der an diesem psychischen *ailleurs,* dieser Welt der Vorstellungen, teilhat –, durch Willensakte den Lauf der Natur selber zu unterbrechen und Systeme höherer Ordnung aufzubauen. Auf diese Weise könnte der Mensch, indem er sich seinen psychischen Hintergrund nutzbar macht, tatsächlich »irreversible« Prozesse in der physikalischen Welt umkehren. Am Schluß seines Buches spielt er auf diese andere Welt psychischer Ordnung an, in der Systeme höherer Energiebeträge aufgebaut werden, und sagt, daß sie identisch ist mit seiner Vorstellung von Gott.

Wenn man de Beauregards Theorie betrachtet, finden sich dort verschiedene Punkte, die mir etwas unsicher zu sein scheinen. Ich bin gar nicht überzeugt, aber ich würde sagen, dieses »Anderswo« ist eine Art intuitiver Begriff, der dem sehr nahe kommt, was Jung das »kollektive Unbewußte« nennt. Was de Beauregard als dieses vierdimensionale Anderswo beschreibt, wo Vorstellungen aufgebaut werden und aus dem dann Energie abgezogen wird, um auf äußere physikalische Ereignisse einzuwirken, würden wir als das kollektive Unbewußte definieren. Er kam durch eine Art ähnlicher intuitiver Idee darauf. Was mir ein wenig fragwürdig erscheint, ist seine Beschreibung dieses Anderswo – für ihn die Welt der Gottheit – als etwas ausschließlich Gutes, Wohltätiges, Wohlwollendes, usw. Das ist auf seinen katholischen Hintergrund zurückzuführen, und da würde ich ein Fragezeichen setzen. Auch ist es eine rein intuitive Theorie, da er keinen echten Beweis für seine Ideen bringt. Aber wir sehen, daß es heute sogar in der modernen Physik Entwicklungen gibt, hauptsächlich in bezug auf das Problem der Zeit, die die Physiker zu Ideen und Entdeckungen führen, die dem Jungschen Standpunkt ähnlich sind.

Ich möchte noch den französisch-jüdischen Mathematiker und Physiker Albert Lautmann erwähnen, der von den Nazis im Alter von 32 Jahren ermordet wurde. Er muß sehr intelligent gewesen sein – um so bedauerlicher, daß er nur ein einziges Buch, und zwar über das Prinzip von Symmetrie und Asymmetrie in der Natur, veröffentlichen konnte. Darin entwickelt er eine Theorie von zwei Zeiten: der linearen Zeit, die mathematisch durch ein Parameter, sagen wir eine Linie, dargestellt wird, und einer anderen Zeit, die er kosmogonische Zeit nennt. Diese letztere faßt er als Feld auf, in dem, wie er sagt, »topologische Zufälle« stattfinden. Er versucht also ein mathematisches Modell zu entwerfen, um die Zeit durch zwei Faktoren zu beschreiben, nämlich durch einen linearen Faktor einerseits und einen Feld-Faktor andererseits. Das berührt natürlich den mathematischen Blickwinkel, aber es ist nicht dasselbe, wie ich zuvor zu zeigen versuchte – obwohl es gewisse auffallende Ähnlichkeiten gibt, indem wir uns nämlich die natürlichen ganzen Zahlen als ein Feld-Kontinuum vorstellen. Er verwendet natürlich Algebra und Geometrie und bezieht sich nicht direkt auf die natürlichen Zahlen. Sein Feld topologischer Zufälle wäre von meinem Standpunkt her wieder eine intuitive Hypothese, die meiner Vorstellung vom kollektiven Unbewußten als einem Feld-Kontinuum, das durch den Rhythmus der Archetypen geordnet ist, nahekommt.

Was de Beauregard nicht zur Verfügung hatte und was wir nun hinzufügen können, ist unsere Auffassung der Archetypen als »Maschinen«, die sozusagen höhere Energieladungen produzieren. Wie Jung es ausgedrückt hat, ist der Archetyp ein Phänomen, das Energie hervorbringt und daher, so könnte man sagen, negentropisch ist. Es ist ein negentropisches Phänomen, und hier können wir mit Costa de Beauregard streiten und sagen, das *ailleurs,* das tatsächlich die höheren energetischen Zustände schafft, ist nicht, was er Vorstellungen nennt. Er ist ganz vage darüber, ob die Vorstellungen bewußt oder unbewußt sind – hier macht er nie einen Unterschied –, aber wir würden sagen, daß unsere bewußten Vorstellungen keine Maschinen sind, die einen höheren Energiebetrag produzieren, ganz und gar nicht. Mit unserer Theorie der Archetypen aber können wir beweisen, daß solche dynamischen Zentren tatsächlich doch existieren, die psychische Energie hervorbringen und in zweiter Linie die Vorstellungen, von denen de Beauregard spricht. Hier hat er einfach nicht genügend differenziert, weil er von unseren Forschungen nichts wußte.

Was mir bei der psychologischen Betrachtung von Albert Lautmanns mathematischer Theorie oder de Beauregards physikalischer Theorie wichtig erscheint, ist deren Versuch, eine Art Doppelmandala zu konstruieren, jedoch in der Form einer Theorie von zwei komplementären Systemen: ein zeitgebundenes und eines, das eine ewige Ordnung enthält. Moderne Physiker befassen sich mit dem Problem der Zeit, fallen also auf die Idee des Doppelmandalas zurück. Sie drücken es nicht so aus, aber man sieht, daß ihre Theorie diesem alten Denkmuster entspricht, nämlich einem zweifachen Zeit-Modell.

Das Problem der Doppelmotive hat noch einen anderen Aspekt. Jung hebt hervor, daß er während der Arbeit an seinem Aufsatz über die Synchronizität entdeckte, daß Träume mit doppelten Motiven gewöhnlich auf Synchronizität hinweisen. Er erzählt einige seiner eigenen Träume und einige von anderen Leuten, und alle haben dasselbe Muster: etwas in der Natur Unmögliches kommt vor, und entweder wird es durch etwas in der Realität Unmögliches verdoppelt, oder es gibt ein Zusammentreffen zweier unvergleichbarer Tatsachen.

In einem Traum z. B. findet eine Frau in einer Höhle, die noch von keinem menschlichen Wesen betreten wurde, Muster an der Wand, die wie von Menschenhand gemacht aussahen. Es war, als hätte die Natur selbst diese Zeichnungen gemacht, die Köpfe usw.; sie hatten alle Merkmale einer menschlichen Anfertigung, aber das war objektiv nicht möglich. In einem anderen Traum sieht der Träumer in der Tundra Nordrußlands ein einzelliges Hühnchen. Jung schließt daraus, daß solche Träume auf die Möglichkeit von etwas anscheinend Unmöglichem hindeuten – Dinge, die unserer bewußten Naturanschauung absolut widersprechen und unmöglich sind, die aber vom Standpunkt des Unbewußten aus gesehen tatsächlich existieren. Sehr oft gibt es z. B. das Motiv von Artefakten, von denen wir glauben, nur die menschliche Psyche könne sie hervorbringen, etwa Skulpturen in einer Höhle, die von der Natur gemacht worden sind. Jung nahm diese Träume als Hinweis auf das Synchronizitätsprinzip, daß nämlich bei einem synchronistischen Ereignis zwei Dinge, die unvereinbar sind, doch zusammentreffen oder eins werden.

Ich habe dasselbe bei meinem eigenen Unbewußten beobachtet. Als ich mich mit diesen Problemen herumschlug, hatte ich einen Traum, in dem ich mit vielen Mathematikern in einem Zug saß. Ich wollte mich gerade von ihnen verabschieden, als der Schaffner ausrief: »Wenn Sie aus diesem Zug aussteigen wollen, beeilen Sie sich, denn er fährt gerade ab!« Im letzten Moment sprang ich also vom Zug ab, der schon anfuhr. Die Mathematiker waren weg, also was nun? Ich kam dann zu einem Tisch, auf dem Fragmente von Ausgrabungen einer alten Hindu-Kultur lagen. Es war das übliche Museumszeug. Kleine Tonfragmente lagen da, man konnte nicht ausmachen, was es sein sollte, aber sie waren Ehrfurcht gebietend wegen ihres hohen Alters. Ich muß zugeben, das Ganze war nicht sehr anziehend, aber mittendrin stand ein Kristallglas mit der Figur eines Jünglings, der Trauben hielt, eine Figur des Dionysos bzw. eines Dionysos ähnlichen Gottes. Das würde sich auf den lebendigen Geist der Natur beziehen.

Dann ging ich weiter, in die Berge hinauf, wo ich, wie in den hohen Schweizer Bergen üblich, braune Holzhütten sah, einige mit kleinen Gärten darum, in denen ein paar Karotten für die Viehhirten wuchsen. Die Eingänge zu den Gärten waren jeweils durch zwei Steine markiert. Das wird oft so gemacht, man nimmt auch Steinsäulen dafür, so wie in diesem Traum. Doch jetzt kommt das Erstaunliche: Die beiden Steine waren zufällig aufgelesene Feldsteine von unregelmäßiger Form, aber es gab immer zwei gleiche von ihnen, und innen war ein mathematisches Muster aus goldenen Fäden angebracht. Die zwei Steine und die Muster waren vollkommen identisch. Sie waren nicht auseinandergeschnitten worden, so daß sie dann gleich gewesen wären, sondern es waren zwei einzeln aufgelesene Steine, aber jeder von ihnen hatte dieses absolut identische Muster, etwas in der Natur ganz Unmögliches. Ich starrte diese Steine in Ehrfurcht und Staunen an, daß es so etwas Unglaubliches überhaupt gibt.

Dieser Traum läßt sich gut mit den Träumen vergleichen, die Jung in seinem Aufsatz über Synchronizität erzählt. Sie zeigen, sagt Jung, daß es in der Natur einen formalen Faktor geben muß, der bestimmte Formen in der physikalischen Welt mit der psychischen Welt – zwei eigentlich unvereinbaren Welten – verbindet. Später sagt Jung, daß Träume von solchen unmöglichen Dingen generell bedeuten, daß die Leute eine zu rationale Sicht der Wirklichkeit haben und das Unbewußte ihnen zeigen will, daß es wunderbare Dinge gibt, etwas, das den Gesetzen der Natur, wie wir sie rational begreifen, nicht gehorcht – es gibt etwas jenseits davon. Auffällig ist auch das Doppelmotiv, das ein Element von Symmetrie enthält wie in jenen Doppelmandalas, die zueinander symmetrisch sind.

Doppelte Motive, wie wir sie gewöhnlich deuten, weisen generell darauf hin, daß etwas gerade an die Schwelle des Bewußtseins kommt. Wenn jemand von zwei identischen Hunden träumt oder von identischen Leuten usw., heißt es, daß dieser Inhalt gerade aus dem Unbewußten heraufkommt und sich der Schwelle des Bewußtseins nähert; auf der Schwelle zerfällt er in zwei. Ich denke, darum haben wir diese Idee, an Grenzlinien doppelte Steine zu plazieren, oder doppelte Säulen, usw. Immer nehmen wir für die Schwelle eine doppelte Markierung. Es ist ein symbolischer Drang, der nahelegt, daß die Schwelle des Bewußtseins ein verdoppelndes Phänomen ist, was darauf hinweisen würde, daß das, was wir Zeit nennen, eine archetypische Vorstellung ist, jedoch für uns noch nicht ganz bewußt. Wir wissen noch nicht, was die Zeit wirklich ist, und offensichtlich ist der Augenblick gekommen, da der Archetyp vom Begriff der Zeit sich der Schwelle des Bewußtseins nähert.

Soweit ich sehen kann, gibt es überall diese Vorstellung von zwei Ordnungen, die ich wie Jung nun einerseits akausales Angeordnetsein nennen will, das zeitlos ist, und andererseits synchronisti-

138

sche Ereignisse, die in die lineare Zeit eintreten. Jetzt kommt das große Problem: Wie sind diese beiden verbunden? Wie ist das *ailleurs* von de Beauregard mit der alltäglichen physikalischen Welt verbunden? Und wie ist die kosmogonische Zeit Lautmanns mit der linearen Zeit verbunden? Wie ist das Prinzip des akausalen Angeordnetseins, das zur Welt der Physik und zum kollektiven Unbewußten nach Jung gehört, mit der Welt von Zeit und Raum verbunden, wie wir sie nur in unserem Bewußtsein denken können?

Da wir im Moment keine weitere Information haben, können wir nur die Produkte des Unbewußten, nämlich die Doppelmandalas, betrachten und schauen, wie sie zusammenhängen. Das Interessante ist, daß solche Doppelmandalas gewöhnlich als Räder dargestellt werden, zwei Räder oder zwei Scheiben, aber normalerweise als Räder (Abb. 16). Wenn man dieses Diagramm aus Karton ausschneiden und ein solches Doppelmandala daraus machen wollte, würde man sehen, daß diese Räder nicht rotieren können, sondern sich gegenseitig zerstören. Trotzdem setzen diese Doppelmandalas voraus, daß ein Rad sich dreht und das andere stillsteht, aber das rotierende Rad würde das andere durchschneiden und umgekehrt, und wenn beide sich drehten, gäbe es einfach eine Explosion, alles wäre kaputt. Ich meine, mechanisch gesehen können diese beiden Räder sich nicht drehen.

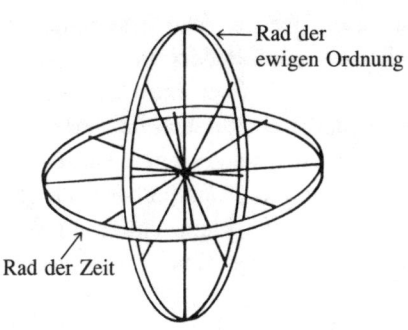

Abb. 16: Zwei Arten von Zeitordnung

Alle diese symbolischen Bezüge auf das Zusammentreffen der beiden Welten scheinen also zu zeigen, daß die Welt der Zeit und die Welt des akausalen Angeordnetseins außerhalb der Zeit zwei unvereinbare Systeme sind, die nicht zusammengefügt werden können, sondern komplementär zueinander sind. Sie sind sogar mehr als komplementär – sie sind unvereinbar, und wir können uns nicht vorstellen, wie sie miteinander verknüpft sind, was wohl auch der Grund dafür ist, daß wir kein Gesetz der Synchronizität aufstellen können, weil dann die Räder auf eine bestimmte Art koordiniert sein müßten.

Der einzige Ort, wo die beiden Systeme sich verbinden, ist in dem Loch in der Mitte, was bedeutet, daß sie in einem Nirgendwo oder eben einem Loch oder Punkt verbunden sind. Dieses geheimnisvolle Loch zwischen den beiden Welten ist auf gewisse Art auch in der chinesischen Weihrauchuhr verkörpert. Die Chinesen hatten sehr genaue Uhren, bevor sie mit unseren Uhrsystemen bekannt wurden, jedoch nach ganz anderen Prinzipien. Sie bildeten ein Mandala in Form eines Labyrinthes, in das sie eine Zündschnur legten, wie man sie auch bei einer Zeitbombe verwendet, oder Puder hineinstreuten, der dieselbe Eigenschaft wie der Zünder einer Zeitbombe hat, indem er eine bestimmte Zeit lang brennt. Sie zündeten ihn an und bedeckten ihn, er schwelte weiter, und um die Zeit zu wissen, öffnete man einfach den Deckel und sah nach, welchen Punkt der Brand erreicht hatte, und das war die Uhrzeit. Nach dieser Art erfanden sie sogar einen Wecker: An bestimmten Stellen dieses schwelenden Fadens oder Puders steckten sie ein Steinchen hinein und stellten die Uhr über ihren Kopf, bevor sie schlafen gingen, und wenn der Brand diesen Punkt erreicht hatte, fiel der Kiesel ihnen auf den Kopf und weckte sie. Diese sogenannten Weihrauchuhren werden in China immer noch gebraucht, wenn es keine anderen Uhren gibt, und nach Joseph Needham sind sie ziemlich genau und genügen fürs praktische Leben vollkommen.

Das Interessante ist hier, daß die Zeit in China als Feld aufgefaßt wird, in dem ein geordneter energetischer Prozeß abläuft, und dementsprechend erfanden sie diese Vorrichtung, die wie eine Uhr arbeitet. Auch hier gibt es ein Loch, und zwar dort, wo der Docht eingeführt wird und der Rauch austritt. Da, wo der Mensch dazukommt, wo er ins Bild eintritt, hat die Zeit ein Loch. Es gibt keine absolute Zeit. Mit unseren Uhren ist es dasselbe: sie müssen aufgezogen werden bzw. ziehen sich nach einer neuen Methode durch unsere Eigenbewegungen selbst auf, doch wenn die Uhr nicht gebraucht wird und auf dem Schreibtisch liegen bleibt, geht sie nicht. Der Mensch kommt also beim Loch der gemessenen Zeit herein. Dies ist nur eine kleine Analogie auf technischer Ebene zu einem viel tieferen Problem, nämlich zu diesem Loch der Ewigkeit.

Im Mittelalter wurde die Anima bzw. die Materie als Anima mit der Jungfrau Maria gleichgesetzt, und es gibt viele alchemistische Texte und auch offizielle Kirchengesänge, in denen die Jungfrau »das Fenster der Ewigkeit« oder »das Fenster des Entrinnens« genannt wird. Nach unserer modernen Definition ist die Anima-Figur im Mann die Brücke zwischen dem persönlichen und dem kollektiven Unbewußten, und auch da trägt sie den Titel des »Fensters des Entrinnens« oder des »Fensters zur Ewigkeit«.

In »Mysterium Coniunctionis« zitiert Jung am Schluß ausführlich aus dem Werk des Alchemisten Gerhard Dorn, in dessen Philosophie das Fenster der Ewigkeit, das *spiraculum aeternitatis,* ebenfalls eine große Rolle spielt. *Spiraculum* ist ein Luftloch, durch das Ewigkeit in die zeitliche Welt hineinatmet. Wir sehen in dieser archetypischen Vorstellung eines Berührungspunktes, der in der Mythologie und in der alchemistischen Philosophie als Vakuum erscheint, den Ort, wo der persönliche psychische Bereich, der das persönliche Unbewußte einschließt, mit dem kollektiven Unbewußten zusammentrifft. Demnach wäre das kollektive Unbewußte die ewige Ordnung und das persönliche Unbewußte mit der persönlichen bewußten Welt die zeitgebundene Ordnung, und beide sind durch dieses Loch miteinander verbunden.

Jung interpretiert dieses *spiraculum aeternitatis,* dieses Luftloch oder Atemloch in die Ewigkeit, als die Erfahrung des Selbst. Er sagt, durch diese Erfahrung können wir dem Zugriff eines einseitigen Weltbildes entkommen und uns davon befreien.

Nun ist die Realität nur insoweit real, als wir ihrer bewußt sind. Es ist deshalb das Bewußtsein, das für uns das Bild der Wirklichkeit entwirft, in der wir uns die ganze Zeit bewegen, und das ist auch ein Käfig, ein Gefängnis. Das Loch als Erlebnis des Selbst durchbricht das Gefängnis unserer Bewußtseinsrealität und befreit uns aus der Herrschaft ihrer einseitigen Begriffe. Dieses Loch scheint daher der Angelpunkt zu sein, an dem die beiden Systeme zusammentreffen. Der chinesische Philosoph Mo Dsi hat meiner Meinung nach in praktischer psychologischer Sprache amplifiziert, was das eigentlich bedeutet. Er sagt in »The Doctrine of the Mean«:

Nur der Mensch, der von der äußersten Aufrichtigkeit beherrscht ist, kann seine eigene Natur voll entfalten ... dadurch kann er auch die Natur seiner Umgebung entfalten ... so aber kann er die verwandelnden und ernährenden Kräfte von Himmel und Erde unterstützen. Nur ein solcher Mensch besitzt auch ein Vorauswissen der Zukunft ... Tugend und Wissen aber sind Eigenschaften der Natur, und so kann eine Vereinigung des Äußeren und Inneren zustande kommen. Die Wege von Himmel und Erde können ganz in einem Satz erklärt werden: sie sind ohne jede Doppelheit, und das ist, wie sie Dinge erzeugen in einer unvorstellbaren Art.« (The four Books. The Doctrine of the Mean, trans. by James Legge, Pasadena, Kap. 22, S. 198. Von mir übersetzt)

So sind also Himmel und Erde, Yin und Yang, in China durch ein solches Loch vereint, sie kommen in diesem innersten Berührungspunkt zusammen, wo »es keine Doppelheit gibt«. Wie man sieht, gibt es im Mittelpunkt des Diagramms (Abb. 16) auch keine Doppelheit; sie ist überall sonst, aber an diesem Punkt ist Einheit. Dieser Ort der Einheit ist der Angelpunkt, wo sich Himmel und Erde vereinigen und wo auch die Schöpfung stattfindet. Aus diesem Loch kommt die Schöpfung, aus diesem Nirgendwo entsteht alles, was noch geschaffen wird.

Ich möchte hier daran erinnern, daß Jung synchronistische Ereignisse als Schöpfungsakte in der Zeit definiert hat. Ein synchronistisches Ereignis ist ein akausales Geschehen und daher, so könnte man sagen, ein Schöpfungsakt. Jung glaubte also an eine *creatio continua,* ähnlich wie gewisse moderne Physiker, die glauben, daß es in der Welt, in der wir leben, einen Ort gibt, wo etwas Neues geschaffen wird. Das synchronistische Ereignis wäre eine solche neue Schöpfung. Für den chinesischen Geist ist das natürlich selbstverständlich, weil die Chinesen in synchronistischen Begriffen denken, und Schöpfungsakte kommen als synchronistische Ereignisse aus diesem Loch, wo Himmel und Erde sich berühren. Dazu kommt diese wunderschöne chinesische Idee, daß der Mensch tatsächlich damit in Kontakt treten kann – er kann an den Ort gelangen, wo Himmel und Erde auf unergründliche Art erschaffen, und zwar ohne Doppelheit – und zwar durch äußerste Aufrichtigkeit. Wenn jemand ohne jegliche Illusion und alles, was die Welt des gewöhnlichen Ego ausmacht, mit allergrößter Aufrichtigkeit in sich selbst eintaucht, dann kommt er zu diesem zentralen Loch, wo Schöpfung stattfindet. Darum dachten die Chinesen, daß bestimmte Weise oder Heilige, sehr seltene Persönlichkeiten, dieses Zentrum erreichen können, und nachdem sie zu diesem innersten Kern ihrer Persönlichkeit gelangt sind, Himmel und Erde berühren können und so an der Schöpfung im Universum teilhaben.

Dieses archetypische Motiv finden wir noch in einem anderen Bereich des Wahrsagens, den ich kurz erwähnen will, weil dort ebenfalls sehr schönes Material zu finden ist. In seinem Aufsatz über die Synchronizität spricht Jung auch von der Kunst der Geomantie. Geomantie ist »terrestrifizierte« Astrologie. Statt die Konstellationen der Sterne zum Wahrsagen zu benutzen, macht man diese Konstellationen selber auf der Erde (gē heißt Erde) und verfährt dann wie in der Astrologie. Wie schon gesagt, nimmt man eine Handvoll Steinchen oder Körner und zählt sie paarweise ab, wobei am Ende eine gerade oder ungerade Zahl übrigbleibt, mit der man Figuren bildet und etwas ähnliches wie die Trigramme des I Ging aufbaut. Aus den sich ergebenden Quaternios macht man eine astrologische Karte, die wie beim Horoskop nach bestimmten Regeln gelesen wird.

Robert Fludd, ein Zeitgenosse Keplers, mit dem er eine berühmte

Auseinandersetzung hatte, war einer von denen, die noch an die Kunst der Geomantie glaubten. Das Bemerkenswerte an ihm ist, daß er versuchte, eine psychologische Theorie darüber aufzustellen[1]. Er benutzte die Geomantie nicht einfach auf magische, primitive Weise zum Voraussagen, sondern er dachte sich etwas dabei. Jung sagt in seinem Aufsatz, daß die Geomantie, die ein westliches Äquivalent zum I Ging Asiens wäre, leider nie zu einer umfassenden Philosophie wie das I Ging weiterentwickelt worden ist. Sie wurde hauptsächlich zum primitiven Wahrsagen benutzt, und das gilt sogar für Fludd, der damit experimentierte, um herauszufinden, ob er Frau Soundso heiraten sollte oder nicht und ob er Geld haben würde oder nicht. Er kam nie weiter damit, aber er versuchte, eine interessante Theorie darüber zu bilden.

Es gibt aber noch einen Ort, wo die Geomantie philosophisch zu etwas entwickelt wurde, das mir beinahe dem I Ging gleichwertig zu sein scheint, und das ist bei den Medizinmännern von West-Nigeria. Sie lernten die Kunst der Geomantie von nördlichen islamischen Stämmen. Die Geomantie wurde in Indien praktiziert und in der gesamten islamischen Kultur und kam von da im 10. oder 11. Jahrhundert nach Europa, zur selben Zeit wie die Alchemie und alle anderen Naturwissenschaften. Aber sie wanderte auch nach Süden und kam zu den westnigerianischen Medizinmännern. Erstaunliches Material dazu findet man in einem Buch von Bernard Maupoil (»La Geomancie à l'ancienne Côte des Esclaves«, Paris 1943), das eine vollständige Erklärung der Technik der Geomantie gibt wie sie speziell von diesen afrikanischen Medizinmännern praktiziert wurde; es ist dieselbe Technik, die auch in der islamischen Kultur Nordafrikas ausgeübt wurde.

Diese Medizinmänner haben einen interessanten Glauben, der Teil der Tradition ihrer Wahrsagekunst ist: Einem Gott namens Fa war es zu verdanken, daß das geomantische Orakel eine wahrheitsgemäße Antwort gab, und nicht den Mechanismen der

---

[1] Vgl. dazu den ausgezeichneten Artikel von K. Josten über Robert Fludds »Theory of Geomancy« und Jostens Erlebnisse in Avignon im Winter 1961/62. In: The Journal of the Warburg & Courtauld Institute, Oxford 1964, Bd. 27.

Wahrsage-Technik. Der Gott Fa wird von verschiedenen Stämmen verehrt, den Mina, Fon, Yoruba usw. Diese Völker haben eine polytheistische Religion mit vielen wohlwollenden und bösen Göttern, deren kollektive Kulte in diesem Gebiet Voodoo genannt werden. Der Gott Fa jedoch, der Vater des Orakels, ist kein Voodoo und gehört nicht zum Pantheon dieser Stämme, und zwar aus folgendem Grund: Ein Voodoo kann immer Trance oder Besessenheit herbeiführen und Gutes oder Böses bewirken. Überbleibsel davon gibt es in Variationen unter den Eingeborenen von Haiti, die heute noch in Trance fallen und von bestimmten Voodoos besessen werden und deren Willen ausführen. Fa, der Gott des Orakels, übt im Gegensatz zum Voodoo nie schwarze Magie aus. Er sagt einer Person immer nur die Wahrheit, und nur derjenige, dem er die Wahrheit sagt, kann wissen, daß es die Wahrheit ist und worum es sich handelt. Fa hat keine allgemeine Macht – wenn der Gott sich zeigt, wendet er sich nur an einzelne Individuen und sagt etwas zu ihnen, das nur für die betreffende Person und für niemand anderen gilt. Deshalb hat er keinen Kult, keine Priester, gar nichts, weil er einfach diese Macht der Wahrheit ist.

Hier besteht eine gewisse Ähnlichkeit zur Idee von Mo Dsi, daß es eine Kraft der inneren Wahrheit gibt, die schöpferisch ist und in den Dingen wirkt. Der Gott Fa kommt aus einem Land namens Ifé, dem Land, aus dem auch die Menschheit gekommen ist und in das die Toten zurückkehren. Die Welt, die ich *unus mundus* genannt habe, ist in allen primitiven Mythologien das Totenreich; die Toten leben im *unus mundus* oder in der transzendenten Welt, im Jenseits, und das ist das Land Ifé. Fa kommt von dort, und der Nigerianer sagt, weil er der Gott der Wahrheit ist, daß man erst im Sterben das Geheimnis des Lebens entdeckt. Solange man in dieser Welt lebt, wird man das Grundmuster seines Lebens nie erkennen, man lebt von Minute zu Minute, um es herauszufinden; im Augenblick des Todes jedoch hat man das ganze Muster, man sieht es von der anderen Welt aus. Man wird das Geheimnis des Lebens also nur entdecken, wenn man stirbt. Gott erschuf die Welt, und er machte nicht nur Gutes, er schuf auch das Böse.

Wenn nun Fa die einzige Macht ist, die nicht das Böse will, ist er verschieden von Gott. Gott will Gut und Böse und erschafft das Gute und das Böse. Fa ist dem Menschen ausschließlich wohlgesinnt, ist ganz aufrichtig und schafft nur das Gute. Jeder lebende Mensch hat eine unsichtbare Seele, die die Fon »Ye« nennen, das Lebensprinzip oder die Seele, aber der Mensch versteht das Wesen seines Ye nicht. Wer also das Geheimnis seines Lebens wissen will, muß zu Fa gehen, der so heißt, weil er selbst das einzige Ye (Seelenprinzip) ist, das die Wahrheit von der Größe des Lebens offenbaren kann.

Das Wort Fa kommt von der Frische des Wassers und der Luft. Man muß sich vor Augen halten, daß im heißen Afrika frisches Wasser und frische Luft ein unglaublich positives Erlebnis sind, denn wenn man aus der Hitze in einen Palmenhain kommt und eine Quelle findet, ist es, als fände man das Leben. Fa ist die Frische des Wassers. Es gibt übrigens in der katholischen Kirche eine ähnliche Vorstellung, denn der Name des Paradieses ist refrigerium, der Ort der Erfrischung, und in der katholischen Sprache bedeutet dies inneren Frieden. Die nigerianischen Stämme sagen deshalb, daß jede Schwierigkeit, wie »heiß« sie auch sei, durch den Kontakt mit Fa kühl und ruhig werden kann und leichter zu ertragen ist.

Aus eigener Erfahrung wissen wir, daß das schlimmste neurotische Leiden aus der Verstrickung mit uns selbst und unseren Komplexen kommt, und wenn wir genügend Aufrichtigkeit im Sinne von Mo Dsi besitzen, um die Wahrheit zu sehen, wird sogar der ärgste Komplex erträglicher, denn dann sehen wir den Sinn und können uns ein wenig aus der Verstrickung befreien. In diesem Sinne erleuchtet Fa alle Menschen. Er versteckt nie etwas. Er reicht jedem die Hand. Ein weiser alter Medizinmann, der Maupoil den größten Teil der Informationen gab, sagte zu ihm wörtlich, in freundlichem Ton: »Alle Zauberer versuchen Fa mit großem Pomp zu beschreiben, doch obwohl ich selber ein bokono (Zauberer) bin, würde ich nie wagen, Fa zu definieren. Nur die wunderwirkende Natur, die Fa hervorgebracht hat, könnte wissend darüber sprechen.« Am Ende seines Lebens sagt er also tatsächlich: »Ich weiß nicht, was Fa ist, aber er ist das Prinzip der Wahrheit.«

Fa hat viele Titel. Wie alle großen Mächte in den afrikanischen Vorstellungen wird er nicht oft bei seinem Namen genannt – sie umschreiben solche Mächte mit vielen Namen, die manchmal ein ganzer Satz oder eine Phrase sind, etwa »Hart wie Stein«. Andere Namen sind: »Such und schau nach«, »Er, der offenbart, was jeder in seinem Herzen hat«, »Herr des Lebens«, »Er, der die Botschaften des Todes übermittelt«; einer der schönsten ist vielleicht »Die Sonne geht auf und die Wände werden rot«. Und hier fügte der Bokono hinzu: »Wenn Sie die Wahrheit sehen, wird alles klar wie beim Sonnenaufgang.« Und abschließend nennt er interessanterweise noch den Titel: »Das Loch, das uns in die Ewigkeit ruft.«

Hier haben wir wieder die *fenestra aeternitatis,* das Fenster zur Ewigkeit, das die Afrikaner wörtlich »das Loch, das uns in die Ewigkeit ruft« nennen. Fa kennt die Zahl aller, die geboren sind, er kennt die Zahl derer, die sterben; er hält sozusagen alles in Händen, aber er ist zum Menschen ausschließlich freundlich. Dies ist eine archetypische Parallele zur mittelalterlichen Vorstellung der Weisheit Gottes, die die wohlwollende und wahrhaftige Seite Jahwes darstellt.

Die dunkle Seite der Wirklichkeit ist in diesem Bild Fas nicht enthalten, und man fragt sich, ob er nicht auch einen Schatten hat wie alle archetypischen Figuren. Dann hören wir, daß Fa eine Frau hat, manchmal auch einen männlichen Partner, und diese Frau oder der Partner heißt Gba'adu. Gba'adu ist ein furchtbarer Voodoo. Er ist nicht etwas einzelnes, sondern allgemein und schrecklich. Die meisten afrikanischen Medizinmänner sagen, daß sie mit Gba'adu nichts zu tun haben wollen, auch seinen Fetisch wollen sie nicht im Haus haben, denn Gba'adu tötet und kann zu jeder Minute töten. Wenn man seinen Fetisch hat, ist er so schrecklich, daß man bei seiner magischen Verwendung Leute damit umbringen kann, und wenn man ihn falsch gebraucht, kann man jederzeit selbst dabei umkommen. Er ist so schwerwiegend, daß man besser nicht damit umgeht, und deshalb gibt es nur wenige von Gba'adu Eingeweihte. Gba'adu will Blut; er oder sie bringt Leben hervor und nimmt es weg. Er ist Fas stärkster Voodoo, und nun achte man darauf, wie er definiert wird: Gba'adu verkörpert *das höchste mögliche Wissen, das ein Mensch von sich selbst haben kann.* Er ist also die tiefste Einsicht in das Selbst (so würden wir sagen), das ein furchtbares Geheimnis und so gefährlich ist, daß man sich ihm nicht nähern kann. Nur Gba'adu besitzt das Geheimnis des Todes, und nur im Tode kann man die höchste mögliche Erkenntnis seiner selbst erreichen. Gba'adu ist das Geheimnis, das hinter Fa steht. Fa ist der Gott der Wahrheit, der einen Menschen in diesem Erdenleben begleiten kann, aber im Augenblick des Todes kommt man der höchsten Selbsterkenntnis, die von Gba'adu repräsentiert wird, einen Schritt näher.

Was ist nun Gba'adus Fetisch? Die wenigen Medizinmänner, die ihn in einem geheimen Raum ihres Hauses aufbewahren, sagen, er besteht aus zwei Kalebassen, die übereinander liegen. Das ist ein Bild des Schöpfungsmythos jener Stämme, die glauben, daß am Anfang der Welt Gottvater und Gottmutter wie zwei Kalebassen aufeinanderlagen und eine Menge Kinder zeugten, die dann keinen Platz hatten. Es gibt darum einen weitverbreiteten Mythos von der Trennung der Ureltern, die aus ihrem ewigen Beischlaf auseinandergezogen werden mußten, damit zwischen diesen beiden Gottheiten die Welt und die Menschen geschaffen werden konnten. Diese Art von schöpferischem Kern der Weltentstehung wird von den beiden Kalebassen dargestellt, und dies ist das Geheimnis von Gba'adu.

Als ich das entdeckte, war ich völlig perplex, denn hier taucht plötzlich im Zusammenhang mit der Synchronizität die Vorstellung einer kosmischen *coniunctio* auf, die ich nicht erwartet hatte. Doch wir wollen nun nochmals das Material betrachten, das ich schon vorgestellt habe: die Drehung der beiden Scheiben, die Ältere und die Jüngere Himmelsordnung, die beiden Systeme, die von den Chinesen als kosmische Vereinigung von Yin und Yang interpretiert wurden. Wir wissen, daß die Entdeckung des Lebensgeheimnisses in vielen Mythologien als die sogenannte Todeshochzeit, der *hieros gamos*, gedeutet wird; im Augenblick des Todes findet eine Vereinigung der beiden Prinzipien statt, die während des Lebens auseinander gehalten wurden und im Tode wieder zusammenfallen. Es ist, als wären jene beiden Räder nur während der Lebensdauer des Menschen getrennt, aber im Tode verschmelzen sie wieder, und das wird als eine Art Todesvereinigung interpretiert.

Dasselbe Motiv finden wir beim Orakel der Quiché-Mayas, die eine Entstehungslegende ihres Wahrsage-Orakels, des sogenannten Tzité-Orakels, haben. Nach der Legende war am Anfang der Welt das ganze Universum still, es gab nur stilles Wasser, in dem die Götter verborgen waren. Die Schöpfung hatte noch nicht stattgefunden, kein Wind regte sich, es gab keinen Laut; aber dann beschlossen einige Götter des Quiché-Pantheons, die Welt zu erschaffen, damit die Götter Verehrer hätten.

Zuerst erschufen sie die Tiere, aber die blieben stumm, und die Götter wurden ärgerlich und sagten, sie müßten etwas erschaffen, das sehen und sprechen kann und sie anbeten und ihnen Licht bringen muß. Also machten sie den Menschen in Form einer Holz- oder Lehmfigur, aber dann kam die große Frage: Sollte der Mensch Augen und einen Mund haben? Sie waren sich nicht sicher, und da beschlossen sie, das allererste Tzité-Orakel der Welt zu machen. Und während die grüne Federschlange, die weiblich ist, sich mit Tepëu, dem Sieger, sexuell vereinigte, warfen gleichzeitig zwei göttliche Zauberer das Tzité-Orakel und sangen: »Du Mais, du Tzité, du Schwert, du Schöpfung, du Vulva, du Phallus!« – und indem sie sich an den Mais, den Tzité, das Schwert und die Schöpfung wandten: »Schau weg, Herz des Himmels, damit Tepëu und Cucumaatz sich nicht schämen müssen.« Dann lasen sie das Orakel, das günstig war, und gaben dem Menschen Augen und einen Mund, um die Götter anzubeten, und schufen im selben Moment das Licht.

Wir müssen uns nun fragen, auf welche Weise ein synchronistisches Ereignis mit der *coniunctio* verbunden ist. Ich denke, es ist richtig zu sagen, daß sich die Psyche im Augenblick eines synchronistischen Ereignisses so verhält, als wäre sie Materie, und die Materie, als gehörte sie zu einer individuellen Psyche. Es gibt also eine Art von *coniunctio* zwischen Materie und Psyche und zugleich einen Austausch der Eigenschaften, der stets beim *hieros gamos* stattfindet. In diesem Sinne stimmt es tatsächlich, daß ein synchronistisches Ereignis ein Schöpfungsakt und eine Verbindung von zwei Prinzipien ist, die normalerweise nicht zusammengehören. Die Haltung, mit der das erfahren werden kann, ist nach chinesischer Auffassung – hier sei an Mo Dsi erinnert – völlige Aufrichtigkeit, und interessanterweise ist dies für den Chinesen identisch mit Spielerisch-Sein.

In vielen primitiven Kulturen können Ritual und Spiel nicht getrennt werden. Rituale werden wie Spiele gespielt, bzw. ein Spiel wird manchmal als Ritual verwendet oder sie werden vermischt. Das ist eine bekannte Tatsache, die durch chinesische Rituale belegt wird, die zugleich Spiel und heilige Handlung sind. Was ist ihnen psychologisch gesehen gemeinsam? Wir erhalten die Antwort von den Chinesen selbst: sie sagen, daß ein Spiel oder ein Ritual vollkommene Aufrichtigkeit erfordert sowie vollkommene Loslösung von Begehrlichkeit und Wünschen. Wenn Sie z. B. ein faires Spiel wollen, dann spielen Sie, denn nur ein faires Spiel ist wirklich Spiel. Das Ich, das gewinnen will, muß geopfert werden, weil es uns zum Betrug verführt. Trotz aller Leidenschaft, mit der Sie am Spiel beteiligt sind, müssen Sie immer eine Opferhaltung haben in dem Bewußtsein, daß Sie verlieren können und dann Ihr Gesicht wahren müssen, ohne den Gegner zu erwürgen. Man muß also vollkommen und leidenschaftlich dabei sein und zugleich jede Art von ichhaften Wünschen opfern.

Diese Haltung ist mit dem identisch, was ich eine grundlegende religiöse Haltung nennen würde – ganz und gar im Leben zu stehen und gleichzeitig bereit zu sein, beim fairen Spiel zu verlieren. Die Rituale und die Spiele, so fahren die Chinesen fort, brauchen feste Regeln und bestimmte Bilder, unter denen sie stehen. Wir wissen, daß alle Spiele ein Muster haben, mehr noch als ein Bild, sowie Regeln, aber die aufregendsten Spiele sind die, wo man Glück haben muß, d. h. wo es eine gewisse Freiheit gibt: sie können so oder so ausgehen, sie sind nicht bloß ein mechanisches Geschehen. Die Chinesen haben die Vorstellung von der Gesetzmäßigkeit in der Natur immer so verstanden, daß das Gesetz nicht in dem Sinne festgelegt ist, wie wir es uns denken, sondern daß es sich um eine Wahrscheinlichkeit mit einem gewissen spielerischen Freiraum handelt. Das Gesetz ist nicht völlig starr, und so ist es auch bei Ritualen und Spielen, zu denen ein nicht ganz starres Element gehört. Darum sagen die Chinesen, daß wir nur durch heiliges, ernstes Spiel der Entdeckung der objektiven Ordnung des Universums näherkommen.

Register

156

157